浙江省自然科学基金一般项目（LY18C160007）、国家自然科学基金青年科学基金项目（41301176）、浙江省科协育才工程、浙江工业大学小城镇城市化协同创新中心共同资助

体验式乡村旅游规划

张善峰　著

中国建筑工业出版社

图书在版编目（CIP）数据

体验式乡村旅游规划 / 张善峰著. —北京：中国建筑工业出版社，2018.12

ISBN 978-7-112-22552-1

Ⅰ. ① 体… Ⅱ. ① 张… Ⅲ. ① 乡村旅游-旅游规划-研究 Ⅳ. ① F590.75

中国版本图书馆CIP数据核字（2018）第183684号

乡村旅游作为一种已经长期存在的旅游产品，它为丰富我国旅游产品的内容，满足我国居民多样的旅游出行需求，促进与协调我国旅游业的发展起到了重要作用。本书内容包括研究背景、体验含义的分析、旅游体验、乡村旅游概念和内涵的分析与界定；体验式乡村旅游规划的内涵、目标和原则的提出；体验式乡村旅游规划的基础理论和核心理论；体验式乡村旅游规划的方法；体验式乡村旅游规划的评价和调控等。

全书可供广大乡村旅游规划者、研究人员、政府工作人员、高校师生等学习参考。

责任编辑：吴宇江　焦　扬　李珈莹
责任校对：王　烨

体验式乡村旅游规划
张善峰　著
*
中国建筑工业出版社出版、发行（北京海淀三里河路9号）
各地新华书店、建筑书店经销
北京建筑工业印刷厂制版
北京建筑工业印刷厂印刷
*
开本：787×960毫米　1/16　印张：8½　字数：166千字
2019年4月第一版　2019年4月第一次印刷
定价：**40.00**元
ISBN 978-7-112-22552-1
（32623）

前　言

乡村旅游作为一种已经长期存在的旅游产品，它为丰富我国旅游产品的内容，满足我国居民多样的旅游出行需求，促进与协调我国旅游业的发展起到了重要作用。但是乡村旅游在经过了初期“量”式规模化发展后，在旅游业体验化发展日趋明显的趋势下，传统乡村旅游产品已经不能满足我国日益成熟的乡村游客对乡村旅游产品主题化、多元化、参与式消费的要求。游客已经不简单满足于传统乡村旅游产品提供的表层化、被动式的旅游形式和内容，而是要寻求一种多层次、可选择式的乡村旅游体验消费，追求在乡村旅游过程中获得真正的身心愉悦和享受。因此，需要一种新的乡村旅游规划的思路、方法来指导乡村旅游地的规划、开发、建设，提供适合游客需要的乡村旅游产品。

体验式乡村旅游规划即是基于这种实际需要，结合旅游、乡村旅游体验化的发展趋势提出；它是乡村旅游规划的一种新思路、新方法。本书在研究、探索过程中形成五章节内容。第一章，研究背景、体验含义的分析、旅游体验、乡村旅游概念和内涵的分析与界定；第二章，体验式乡村旅游规划的内涵、目标和原则的提出；第三章，体验式乡村旅游规划的基础理论和核心理论；第四章，体验式乡村旅游规划的方法；第五章，体验式乡村旅游规划的评价和调控。最终，希望书中提出的乡村旅游规划的思路与方法可以为解决乡村旅游发展中面临的问题提供一个具有借鉴、指导价值的解决路径，助力我国乡村旅游产品升级、乡村旅游发展进入新的生命周期。

目　录

1 绪　论

1.1 研究背景

1.1.1 旅游体验化的发展趋势

体验经济也被称为体验产业，是继农业、工业、服务业后又一种新的经济形式。体验经济关注的不是产品，也不是传统意义上的服务，而是顾客消费或者使用的全过程。现今，体验经济也逐步渗透到我国经济、生活的各个方面。在这种新的经济背景下，一方面它赋予了旅游新的内涵、特点和要求，使旅游产品的需求和供给发生了新的变化；另一方面我们也要对旅游进行重新认识和思考，提供供需合理的旅游产品。

（1）旅游的再认识

体验是指一个人达到情绪、体力、智力，甚至是精神的某一特定水平时，他意识中所产生的美好感觉；体验经济是企业以服务为舞台，以商品为素材，以消费者为中心，创造能够使消费者参与、值得消费者回忆的活动；互动参与性、个性化、情感性、过程性、文化性等是体验经济突出的特征。旅游是一种天然的体验活动，包含了体验经济的诸多精神要点，旅游是体验的大舞台[1]。旅游的本质属性就在于差异化体验中的精神享受。在旅游活动中，游客需求的不是物质结果，而是一种不同寻常的经历或者感受[2]。北美学者迪沃和布郎（Driver & Brown）较早就认识到旅游体验才是旅游休闲管理的最终产品，旅游开发规划的核心是为游客设计独特的旅游体验。学者戴维逊（Davishon）也指出：“旅游是一种经历或过程，不是一种产品，且这种经历又是悬殊的”。旅游的根本目的在于寻求愉悦体验，这是旅游本质的规定性，是所有旅游都具备的统一内核[3]。在我国，邹统钎教授称旅游是游客通过对旅游目的地的事物或事件的直接观察和参与而形成的感受与体验，是游客为了追求一种个性化的、即时的、愉悦的心理体验而进行的活动，是旅游者离开居住地区异地旅行时所获的一种丰富的经历和感受，它既包括旅游者在旅游中通过运用原有知识对客观事物进行分析和观察所获得的心灵共鸣及愉悦的感觉，也包括他们通过直接参与活动而得到的舒畅感，同时也包括旅游者在旅行中通过接触陌生事物而进行学习的过程[4]。王兴斌教授也认为旅游服务就是为游客创造体验的全过程，旅游本质上是向游客提供一种离开惯常居住地的新鲜经历，一种以一定的物质条件为依托的服务，旅游者得到的是游历过程中的印象、感受和体验，而不是具体的资源和设备[5]。

（2）旅游发展的体验化趋势

在体验经济的背景下，旅游也要具有新的内涵、特点和内容。一方面旅游者的消费需求发生了新变化：①不同于传统旅游者对于标准化旅游产品的需求。现代旅游者重视旅游活动中的情感投入，倾向于能满足其心理需求和引起感情共鸣的旅游产品，不只是看重旅游过程的物质享受，更在意的是心理、精神上获得的满足；②旅游者不再拘泥于传统旅游模式，要求体验极具个性、主题性强、能带来奇特体验的旅游活动；③旅游者逐渐不满足于传统"一走一看"的游览方式，强调旅游活动的参与性，希望旅游企业提供不同层次参与类型的旅游产品，充分地理解旅游地的文化内涵和特色。另一方面旅游者需求的变化给传统旅游类型、模式带来了冲击：①从消费内容上看，传统旅游模式所开发的旅游产品绝大多数是以自然遗产和历史文化遗产观光为内容的产品，景区旅游内容单调，产品容易老化。相当一部分景区在当前受到旅游市场的冷落，由热变冷；也有一部分景区通过对其资源的深层挖掘、开发满足了游客的需求，获得了新生；②从旅游活动方式来看，忽略旅游者体验且不能体现旅游产品的自身价值。我国传统游览方式是"走马观花"式的巡游参观，仅仅能满足游客浅层的体验需求。由于游览过程匆忙，游客无暇深入体会景点的秀美风光和文化内涵，旅游产品和基础设施未能与游客的感情发生共鸣，旅游者疲惫不堪，旅游产品的自身价值也无法完全体现；③从旅游活动的消费方式看，目前我国旅游消费多以旅行社组织的团体旅游为主、散客较少，旅游重结果轻过程，游客处在"被安排、被组织"的地位。而体验经济时代的旅游者要求亲自参与、深入了解和亲身体验，重过程而轻结果，传统方式已经不能满足体验经济时代游客的需求。乡村旅游本身也因其自然、人文旅游资源所蕴含的丰富体验性，以及"游、住、行、玩、购"一地化的、极具参与式的旅游消费方式，成为众多旅游类型中最具有体验性的产品类型。乡村旅游应积极规划、开发具有特色的、参与性强的乡村体验旅游产品，满足当下游客的需要，适应旅游发展的体验化趋势。

1.1.2 乡村旅游的发展现状

（1）乡村旅游的迅速发展

我国从20世纪80年代开始出现乡村旅游。乡村旅游以其较近的出行距离、自然清新的环境、淳朴的生活氛围、不同的地域文化，成为生活在城市里的人们一种时尚的旅游休闲和度假的选择。人们选择远离城市、回归自然，来到乡村体验这个"世外桃源"，乡村旅游在我国得到了迅速、蓬勃的发展。其中，1998年，国家旅游局推出以"吃农家饭、住农家院、做农家活、看农家景"为内容的"华夏城乡游"的年度旅游发展主题，全国各地纷纷抓住机遇，掀起了一股乡村旅游开发的热浪；2004 年，国家旅游局推出“中国百姓生活游”的旅游主题，其目的就是通过“游客走进百姓生活，百姓参与旅游活动”，在城乡游客互动中带动乡村经济社会的全面发展；2006 年，国家旅游局推出“中国乡村游”的主题，并且提出“新农村、新旅游、新体验、新风尚”的旅游口号，培育了一大批以“农家乐”、旅游型村镇为代表的乡村旅游点，大批农村富余劳动力实现了就地转移，带动了农业与相关产业发展，使乡村旅游呈现兴旺繁荣的良好局面；2007 年，国家旅游局又确定了全国旅游宣传主题为“中国和谐城乡游”，旨在深化乡村旅游发展的同时突出城市与乡村之间的双向互动，继续发挥旅游业对乡村经济的拉动作用。当下，乡村旅游与风景区旅游、城市旅游构成现今的旅游格局，成为三大旅游类型之一[6]。

（2）乡村旅游发展存在的问题

随着我国乡村旅游急速的发展，乡村旅游经过了初期“量”式的急速扩张发展；但是随着我国旅游市场的日益发展，游客的日益成熟，对旅游产品的需求向着多样化、参与式、体验化发展的趋势越来越明显，一些原有的初级的乡村旅游产品已经不能满足当下游客的需求，暴露出了越来越多的问题：①对乡村旅游内涵认识不足，内容单调。如有的管理者、学者将乡村旅游简单等同于农业旅游，有的甚至片面地理解为农业观光旅游，这严重降低了乡村旅游的丰富性，只简单利用传统的农业、林业和渔业等物质资源，忽视了乡村旅游所包含的其他类型；②旅游普遍缺乏规划，旅游产品趋同。如许多乡村旅游地没有对资源条件进行论证和规划，只是在原有的基础上稍加改动就开始接待游客，不重视分区规划，在开发中只重规模，不讲质量；只考虑当前，不顾长远，有的乡村旅游开发本身就是一种破坏；③旅游产品参与度低，体验性不足。如乡村旅游需要参与，重在体验。但就目前来看，我国乡村旅游的开发类型、开发层次还比较单一，大多数乡村旅游产品没有脱离旅游观光这一浅层的旅游体验形式，很少有融知识性、趣味性和参与性于一体的体验式产品；④乡村旅游地的乡土氛围不够浓郁。如由于缺乏对乡村旅游的总体规划，对乡村旅游的本质、内涵的认识不足，许多经营者不珍惜宝贵的乡村旅游地原有朴素、自然的生活氛围和生活景观，随意地进行开发建设，使得乡村工业文明与农业文明、现代设施与传统风物混乱的并存，难以营造出乡村特有的景观、生活氛围，破坏了乡村旅游地的整体气息，破坏了乡村旅游发展的基础和条件；⑤旅游资源利用单一，居民受益有限。如各种类型的观光果园、休闲渔场、观光园艺场等项目的经济扩散能力低，吸纳乡村就业人员少，而对于乡村就业有较大吸收能力的乡村各种人文旅游资源，也并没有得到充分的重视和利用。这就造成了乡村旅游收益主体不以农民为主，旅游收益出现了某种程度的“飞地化”效应。

1.2 体验含义的分析

1.2.1 体验的概念

（1）Experience 的英文解释

按照《英语图解大词典》中的解释，Experience 作名词时有以下几种意思：对事实的实际考察或实践认知；从中学到的知识或技巧；比较难忘的事件；其用作动词的意思是：经历、体验、感觉等[7]。在《柯林斯最新英语词典》中，Experience 作名词的意思有以下几种：直接的个人参与或考察事件；个人经历或感受的特别事件、情感；实践活动累积的知识；参与或经历；其作动词时是指被感动[8]。在《剑桥美国英语词典》中，Experience 的意思是：从做事或感受事件或发生的一些对你有影响的事情中学到的知识或技巧（或者是学习过程）[9]。

通过分析以上三种解释，可以看出 Experience 的核心意思就是使个人印象深刻或对个人产生深刻影响的互动事件与过程。

（2）Experience 的中文解释

由上可得出 Experience 译成中文可以有经验、经历、体验之分。“经验”是经过多次实践而得到的知识或技能，亲身经历；“经历”是亲眼见过、亲身做过的或遭遇过的事情；“体验”是通过实践认识周围的事物、亲身的经历或亲身的感受[10]。其中“体验”这一解释侧重于从实践中体会、了解和直接参与，更倾向于感性方面，而“经验”或“经历”则既可以是直接的，也可以是间接的。综合分析可以得出：“体验”更能表达 Experience 的意思，即对某种事物（事件或过程）的亲身经历而体会到的醉人的、感动的效果或受到的深刻影响（直接了解而不是从别处听说或他人报道中知道这种事物）。

1.2.2 体验的内涵

（1）经济学中体验的内涵

在约瑟夫 • 派恩和詹姆斯 • 吉尔摩那里，体验是作为一种新的、迄今未得到广泛认知的经济提供物，是继农业商品、工业商品和服务之后一种新的经济提供物，它犹如服务、商品或日用商品一样真实，以“难忘”为特点而有别于其他商品。它需要个体的高度参与，从而使之获得一种个性化的感觉[11]；贝恩特 •H• 施密特认为，体验是一种需要个体参与而产生的内心感受，大多来自于直接观看或参与，体验是在适当的氛围和背景下被“引发”出来的，具有针对性和倾向性[12]。同时，行为经济学家认为“体验”最具闪光的意义在于，它是“生产与消费合一”，是以消费者作为价值创造的主体，是以消费者为中心的产销合一[13]。所以，从经济学的角度看，体验的内涵是：一种新的经济提供物，它与个体密切相关，需要个体的高度参与，体验的结果来自于个体与事件间的相互作用，而在一定的氛围和背景下被"引发"出来的意识感觉，而且这种感觉是难忘的、个性化的，带给人们的价值更多在于精神上的满足。

（2）文化学中体验的内涵

阿尔·托夫勒指出：在文化学意义上，体验是通过隐藏在不同商品和服务背后的文化含义，在主客体相互作用的过程中，满足人们在精神上的需求，体验针对的是日常用品或日常消费背后的意义[14]。如果说，体验是日常生活的审美呈现，那么体验就使审美成为生活的一部分，即体验是消除了距离的审美——即时体验，是主体和客体的直接融合；商品只是一种道具，提供的体验是一种新生活方式[15]。同时，赵睿认为体验带给人们的价值更多在于精神方面的满足，体验型产品生存和发展的沃土在于精神价值和情绪感悟，体验型产品需要深厚的文化底蕴作为支撑，否则提供给消费者的价值将是有限的[16]。所以，从文化学的角度看，体验的内涵是：作为一种经济提供物，它具有文化性，它是隐藏在一般商品和服务背后的文化意义，它的文化性满足了人们在精神上的需求。

（3）心理学中体验的内涵

体验是由外界环境引起的特定状态，对于人的情绪和其他行为能起到调节作用[17]。同时，苏联的瓦西留克也认为体验在某种意义上来讲是与生活的不可能性做斗争，体验只与那些对生命形式是重要的、有价值的、原则性的东西、构成生命内部必要性的东西联系在一起；体验就是指从困境中恢复的一种特殊的内部活动[18]。一些研究表明在心理咨询与治疗过程中，体验能发挥较大的作用。恰当的情景体验有助于人们走出心理困境，走向健康人生。所以，从心理学的角度看，体验的内涵是：人度过各种艰难的生活事件，恢复失去的精神平衡、从危机情境中走出来的一种特殊的内心活动，这种活动在现阶段可以表示为虚拟的、人造的，它的作用在于可以调节人们的情绪，改变人们的生活，并使人们的生活趋于美好。

（4）美学中体验的内涵

从美学的角度看，体验还是一种瞬间的直觉，是我们生活中最难得而又最美妙、最充实的瞬间，是一种特殊的、深层的、活生生的、富有意义的瞬间，它使人在一刹那超越并领悟到一种永恒、绝对、绵延的存在；体验的意义在于感受人的瞬间生成；体验是一种超越意义匮乏的日常生活而追求充满意义的内在生活的纯粹中介；艺术的魅力在于表达了这种特殊的、深层的、活生生的、富有意义的瞬间[19]。王朝闻指出：体验是一种在感觉经验的基础上，对感觉经验进行改造和加工，形成对客体的一种特殊的感受能力。这种特殊的感受能力对于人的感受很重要，体验对于把握审美对象内心世界方面的奥秘之处有非常重要的意义和作用[20]。体验是理性和感性的融合，感性往往流于表面，而理性往往更深一层，两者的融合表明了体验作为一种心理活动的深刻性。所以，从美学的角度看，体验的内涵是：富有意义的心理活动，其意义在于帮助人们在有限的生命中追求无限，把握无限。这种心理活动往往带有情感性和主观性，是各种心理活动的综合，是感性和理性的综合。

（5）生理学中体验的内涵

体验首先是一种生理现象，是大脑对某些刺激物的反应，大脑的不同区域与不同的体验有关[12]。丘脑中的感官系统收集光波、声波、触觉等信息；边缘系统里的“低级系统”和扁桃体能不假思索地迅速产生“内在”的喜好反应；而大脑新皮层则能产生更复杂的情感，大脑新皮层的其他部分负责产生认知、思维和创意。所以，从生理学的角度看，体验的内涵是：它不是凭空产生的，它是在顾客与体验提供物之间相互作用的基础上形成的。顾客受到体验提供物的刺激可包括所有五种感官刺激，即听觉、视觉、味觉、嗅觉、触觉，也包括对顾客情感、思维、行动和各种社会关系的刺激，或是参与到提供体验的事件中去，在整个事件互动中接受刺激，最终形成难以忘怀的深刻记忆，体验因此形成。

1.2.3 体验的特征

（1）过程性

过程意味着对未知领域的探索，意味着变动，意味着还有未知事件将出现，而结果则代表着过程的结束；过程意味着个体对运动着的事物的关心和注意，意味着精神的紧张集中和兴奋状态，其结果则意味着对成果的享受。如果忽略了过程，就无法感受到未知世界给予的诱惑，无法体验到微妙境界的新奇和兴奋。体验的快乐和愉悦并不一定在于事情的起因和结果，相反，事情本身的发展变化更可以给人无穷的快感。王徽之的“乘兴而行，兴尽而返”就是“注重过程”的典范。

（2）个人性

任何一种体验都是某个人本身心智状态与事件之间互动作用的结果。体验是内在的，存在于个人心中，是个人在形体、情绪、知识上参与的所得；由于每个人生活经历、文化背景、社会身份，甚至当时当地的身体状况的存在的差别，因而在同一生活场景、同一事件中，即使每一个人体验的机会均等，体验出来的感觉、体验的深浅和层次都会各不相同，这也是体验真正引人入胜的地方。体验如果失去了特色和个性，就失去了体验的意义。

（3）参与性

体验深藏在人们的身心之中，是在顾客与体验提供物之间相互作用的基础上形成的。体验产生的过程，就是主客互动的过程，是在一定的氛围和背景情境下被“引发”出来的。主体在体验的过程应当充分表现出主动性，即主动参与体验的过程，其参与层度的不同也决定了其获得的体验也有浅层体验、中层体验、深层体验乃至高峰体验等不同层次，得到不同层次的印象和记忆，最终每个参与主体获得相应难忘的、个性化的满足。

（4）功能性

体验作为一种新的尚未得到广泛认知的经济提供物，类似工业经济下的产品和服务经济下的服务，它要像产品和服务一样满足人们的需要才能被他人所接受；它要个性化地满足现阶段人们的缺失性需求和高层次需求，尤其是满足人们精神上的需求，使人们得到一种个性化的、综合的、深刻的内心感受，从而一方面使人们的生活更丰富、更有意义；另一方面也可以调节人们生活工作中的情绪和压力，使人们的生活更加完整和美好。

（5）文化性

体验可以满足人们的精神需求，这种精神需求与体验背后所具有的文化意义有很强的一致性，无论是体验具有的意义，还是体验具有的满足感，都与体验客体所具有的文化内涵有着密切的关系。主体正是通过体验隐藏在不同的商品或服务后的文化含义来实现这种需求。从一定的深度上来说，体验产品内所蕴含的文化内涵的丰富深度，影响人们对产品的体验的层次，影响人们获得的满足感。

（6）真实性

人们的体验有直接体验、间接体验和模拟体验，也有浅层体验、深层体验、高峰体验等的区别，但是无论哪种体验，无论体验的对象是什么，无论体验的客观结果，体验最终收获的是在精神上的满足（内心中各种情感和情感带给人的满足）和物质上的满足。自己无法欺骗自己，只要是你所接触到的、感受到的，必然就是真实的，体验的结果是“有体验”和“没有体验”之分。

（7）回味性

体验形成是主体受到体验提供物的刺激或者是参与到提供体验的事件中去，在与其互动时在脑海中形成印象，并最终留下的难以忘怀的记忆，具有可味性。这种回味（记忆）可能会是美好的、积极的、醉人的、感动的，也可能是沮丧的、消极的、厌恶的等。同时，这些形成的体验记忆会对体验主体进行下一次相同或相似的体验选择、决策，并对消费过程产生重要的影响。

1.2.4 体验的实现

体验的本质在于它是基于生理反应的一种现象，它是在顾客与体验提供物之间相互作用的基础上形成的（即主体和客体相互作用的基础上形成的）。主体受到体验提供物的刺激或者是参与到提供体验的事件中去，与其互动在其脑海中形成印象，再与脑海中原有的各种联系相互作用，形成新的联系，使得印象升华，形成难以忘怀的深刻的记忆，进而形成体验。它是个人的，是一种个性化的需求，是一个人达到情绪、体力、智力，甚至是精神的某一特定水平时，在其意识中所产生的美好感觉。任何一种体验，都是某个人自身心智状态与事件之间互动作用的结果[11]。人们消费产品，不仅用它们来解决单纯的问题，同时也通过它们来获得一种体验，满足个人心理需求。每一次消费，其实都在一定程度上反映了消费者认可的价值、情感、经历；每一次消费，从开始接触到购买再到使用，都是一次经验之旅，而这些经验将会强化或改变人们原有的消费行为。在体验的获得过程中，它满足了人们在精神上的需要，也满足人们对情感、社会交往和自我实现等缺失性的需求和高层次的需求。

1.3 旅游体验含义的分析

1.3.1 旅游体验的概念

国外对于旅游体验的研究起源于布斯汀（Boorstin）。他将旅游体验的概念理解为一种流行的消费行为，是一种人为的、预先构想的大众旅游体验。麦肯奈尔（Mac Cannell）则认为，旅游体验是人们对现代生活困窘的一种积极回应，是旅游者为了克服这种困窘而追求的一种对“真实”（authentic）的体验[21]。科恩（Cohen）将旅游体验定义为个体与多种“中心”之间的关联。在阐述这种关联时，体验的意义源自个人的世界观，对个体来说代表着终极的意义。他认为体验反映了动机的一些稳定模式，把旅游者的不同行为模式区别开来，这些与旅游者的“私人”构造世界联系在一起，代表着一些既定的模式去满足大范围的个人需求，从娱乐到寻求意义[22]。后来 Hamilton Smith、Nash、Page、Pearce、Smith 等都在自己的研究中提到科恩的旅游体验模式。最终，瑞恩（Ryan）依据已有的研究成果，给出旅游体验的定义。旅游体验，是一种针对个体的、涉及娱乐或学习的多功能休闲活动，对于个体来说包括娱乐或学习或两者兼有[23]。

在国内，较早对旅游体验做出定义的是谢彦君，他从旅游市场需求的角度将旅游体验定义如下：旅游个体通过与外部世界取得联系从而改变其心理水平并调整其心理结构的过程。这个过程是旅游者心理与旅游对象相互作用的结果，是旅游者以追求旅游愉悦为目标的综合性体验[24]。堪莉认为，旅游体验是一种内容丰富的体验，既有精神享受，也有物质享受；既有赖于事物表面的观察，也有沉湎于理性世界的深思[25]。由于旅游体验的这种复杂性，表现在旅游体验的过程中，实际上涉及旅游者对旅游对象所表现的不同层次意义的把握。旅游经历就是旅游者的旅游体验，是指旅游者在旅游过程中获得旅游需要的满足程度，这种满足程度是旅游者动机和行为与旅游地所呈现的景观、产品以及旅游设施与服务之间相互作用的结果[26]。李怀兰指出，旅游体验是旅游企业提供的以体验作为旅游吸引物，吸引旅游者前来旅游，并留下深刻难忘印象的旅游产品。若将旅游供给与旅游需求结合起来看，旅游体验是整合具体实物形态与服务，并以体验为吸引物的综合性旅游产品，是旅游者消费实物与服务的难忘的美好经历，是由卖方提供、买方经历的一个动态融合体。对每一个旅游者来说，旅游体验是他以个人化的方式度过的一段美好时光，并从体验中获得的一系列可记忆事件，这种体验既满足了他客观心理需求，也反映了他的品位[27]。伍海琳认为，旅游体验是对个体或者社会都具有一定意义的一种体验，是旅游主体积极参与，并与旅游客体相互作用的结果[28]。

基于以上理论，本文认为旅游体验是游客以追求精神、物质享受带来的快乐为目的，在旅游过程中通过与旅游客体之间的互动，将旅游环境、旅游活动等逐渐内化为内心的主观感受，从而获得的一系列丰富的可记忆事件的过程。游客投入时间和金钱参与旅游活动，追求的不是物质结果，而是一种探索、一种感受、一种挑战，留下的是一种经历、一个回忆、还有一种在心理上的彻底放松，以及舒服地享受休闲时光。去农家院，是以农业旅游的形式体验田园生活，体验乡村文化；去丽江，游客们流连于那里清新的空气、宁静的小城，以及环绕古城的一弯流水时，更是对纳西族的宗教、文字、语言和音乐情有独钟。他们渴望融入异乡生活，体验其中的玄妙。正如一位外国旅游者所说："我有幸能在短短的时间内成为他们中的一员，而不是过客，我感到不枉此行。"

1.3.2 旅游体验的内涵

（1）旅游体验的内容

在国外，科恩（Cyan）将旅游体验从内容上分为休闲（recreational）模块、变化（diversionary）模块、经验（experience）模块、尝试（experimental）模块和实体（existential）模块[22]。在第一个模块中，具有休闲取向的个体，走出平淡无奇的生活，到外部世界寻找娱乐。变化模块反映的是人们对变化的追求，借助于旅游，人们可以暂时摆脱日常生活的压力。经验模块表现为一个历时性的经历过程，人们意识到日常生活不够丰富，想要获得更多的社会、文化和自然的真实体验，就必须花时间到别处去寻求。尝试模块中，个体深受疏远感的影响，并且面临着迷失日常生活中自我的危险，他们无论是在异地的自然环境中，还是在社会环境中，都努力重新找回自己。实体模块中，人们感觉到生活在错误的时空里，他们与日常生活相隔甚远，以至于需要到其他地方去寻找更好的世界。

在我国，谢彦君则认为旅游体验从内容上包含旅游审美愉悦和旅游世俗愉悦这两大类愉悦体验。所谓旅游审美愉悦，是指旅游者在欣赏美的自然、艺术品和其他人类产品时所产生的一种心理体验，是一种在没有利害感的关照中所得到的享受，是超功利的。王柯平认为，旅游体验在本质上是一项集自然美、艺术美和社会生活美之大成的综合性审美体验活动[29]。在旅游审美愉悦的体验过程中，最重要的一点，是审美主体面对审美对象的超功利的认识，审美愉悦以外的一切愉悦都称为旅游世俗愉悦。这种愉悦是建立在对感知对象的功利性认识的基础之上的，通常通过某种单一的"低级"感官（如触觉、味觉、嗅觉等）所获取，是人生通常的愉悦形式，如品尝美味时的感官之乐等。这种愉悦产生的前提以及愉悦的强烈程度，常常与感受之前的经验积累有关，它往往仅停留在直接的水平上，表现为某种直接的感受。

（2）旅游体验的阶段

克劳森和肯特思（Clawson & Knetsch）以时间为序列，提出了出发前期望值或计划的预期阶段、去程、目的地活动阶段、回程及回忆阶段等五阶段旅游体验过程模型。各阶段都产生不同体验，其影响因素也相对不同。迪沃和塔吾科（Driver & Toucher）从旅游行为出发，构建了旅游体验及其获得的三段模型：①先决条件：包括外在环境及旅游者特性（心理、生理及社会经济背景等特性和过去的旅游经验），先决条件产生旅游动机，并决定旅游预期（旅游期望、旅游活动选择、旅游时间及花费）；②中间过程：包括去程、目的地旅游活动和回程阶段，这段时间的旅游体验，会因游客背景、经验、动机、期望、态度而有不同的活动形式，获得不同的满意程度；③目标达成：指旅游活动完成后的回忆阶段。龙江智认为旅游这种体验活动起因于个人各种心理欲求（或心理失衡），受旅游动机和旅游场双重驱动，并随着旅游者启程而展开，以旅游者返回居住地为终点。整个过程以体验为核心，大致分为三个阶段：旅游体验的产生和旅游期望的形成阶段；旅游体验的进行时阶段；旅游体验质量评价和旅游体验影响阶段。当然，这三个阶段并非截然分开，而是存在一定的交错现象。各种旅游形式具有的共同属性便是他们都是人们寻求心理满足的一种体验形式。旅游行为之所以发生，就是潜在旅游者存在心理失衡，各种旅游形式的体验活动正是为了满足自己的心理欲望，调整自己的心理状态[30]。

（3）旅游体验的层次

根据旅游体验的现状与参与程度的差异，可以将旅游体验分为表层体验、中度体验、深度体验三个层次[31]。传统旅游停留在表层体验阶段，以观光为主，尤其是包价旅游，游客只是走马观花地参观自然和人文景观，很少接触旅游目的地的居民，对当地的地方民俗文化了解甚少。表层体验对资源的依赖性强，它要创造难忘的经历必须依赖吸引物本身的稀缺性和独特性。也就是说，观光的对象越独特、越稀少，留给游客的印象才越深，旅游经历才越丰富。因此，游客体验效果更多地依赖旅游资源禀赋的高低，在资源品质不高的情况下，游客难以获得独特、难忘的体验效果。往往是旅游结束后回到家里一想，自己去哪儿，看到什么都没什么印象了，不得不拿出照片来帮助自己回忆，甚至是拿照片也想不起来这是在哪儿照的。

中度体验则反映了旅游者消费层次的提高和消费心理的成熟，他们期望近距离、多方式地与旅游吸引物接触，通过直接参与各种各样的特色活动，从视觉、触觉、味觉等多方面来体验景区特色、目的地居民的生活方式以及放松心情。这种中度体验，游客在身体上、精神上与旅游吸引物和目的地居民有部分的接触和交流，能创造出自己独特的体验，这种体验不仅可以给旅游者留下更为深刻的印象，更是在极大的程度上提高了旅游者的体验效果，丰富了旅游者的旅游经历。深度体验是指游客完全融入旅游产品中，与旅游景区和当地居民进行零距离的接触，深刻体验景区的特色和文化。如像探险家一样去了解和征服自然景观，像目的地居民一样生活，通过完全融入到吸引物和当地居民中来体验当地的文化。深度体验是超越自己的体力和智力，尝试另一种生活方式，在实现自我价值中获得成就感和快乐感。在云南的丽江古城，甚至有的外国旅游者到此一游后，被丽江的秀丽景色和灿烂文化所吸引，干脆留下不走了，他们在这里开酒吧、开旅馆，像丽江人一样的工作、生活，在某种程度上就成了一个丽江人，这未尝不是一种对丽江的深度体验。当然了，也许他们已经不能算是真正意义的旅游者了，但是他们之所以能这样做，却的确是和他们的旅游体验有密切的关系的。

1.3.3 旅游体验的实现

（1）旅游观赏

旅游者在投身于美的自然、人文资源进行旅游体验过程中，不断地与所接触的外部世界进行交流。作为对旅游资源所包含的美的要素的具体感受和把握过程，旅游观赏是旅游审美活动的主要形态之一。旅游观赏是旅游者最基本的旅游需求，也是旅游者实现旅游体验的基本途径。对于旅游者来说，所谓的旅游观赏，是指旅游者在离开其常住的地方，主要通过视听感官对外部世界中所展示的美的形态和意味（各种旅游产品）进行欣赏体验的过程，旨在从中获得愉悦的感受。针对旅游者的这一层次的体验要求，我们在进行旅游开发的过程中，应该注意为旅游者规划设计出优美壮观的观赏物，注意对游客各种感官刺激的利用。在乡村旅游地中，这些观赏物可以是山川河流、鸟语花香的乡村自然景物，也可以是底蕴深厚、文化淳朴的乡村人文景观，还可以是色香味俱全的乡村特色美食，或者是优美而又富含文化特色的乡村文艺表演等。

（2）旅游交往

交往是人类社会的基本特征之一。在旅游活动过程中，也会发生各种各样的人类交往。从形式上看，旅游交往是一种暂时性的个人间的非正式平行交往；在时间上，它起始于旅游过程的开始，终止于旅游过程的结束，一般不会向这两极之外延伸。旅游交往也是旅游者实现个人旅游体验的一种重要方式和基本要求。在旅游活动过程中，参与交往的人主要有三类：一类是旅游者，一类是目的地居民，还有一类是旅游服务提供者。旅游者会与旅游服务提供者、旅游目的地居民和其他旅游者发生各种各样的交往。在旅游活动过程中，旅游交往具有短暂性和异地性。对于现代旅游者来说，在旅游活动过程中是不可能不与人交往的，旅游交往在一定程度上已经成为旅游活动的一部分内容，是游客获得深层旅游体验的一种重要的途径。同时，这种交往也会直接影响旅游者在旅游活动中的心情或情绪，也就是影响旅游者对旅游体验的评价。在旅游规划开发中，应该注意为旅游者创造这种增进旅游交往的环境和条件，加强服务，引导鼓励旅游地居民对旅游活动开展的支持和参与，使游客获得深层次的旅游体验。这一点在乡村旅游地规划开发中尤为重要。乡村旅游地一方面作为旅游活动开展的场地，另一方面又作为乡村社区居民的日常生产、生活的场所，与乡村社区居民的交往已经成为乡村旅游地活动的一项重要内容，是游客能否获得地道乡村旅游体验的重要保证。

（3）旅游模仿

模仿是指依照别人的行为样式，自觉或不自觉地进行仿效，做出同样或类似的动作或行为的过程。换言之，模仿是人有意或无意地对某种刺激做出类似反应的行为方式，也是一种即时的角色变更。在现代旅游中，旅游模仿在旅游活动中处处可见。旅游者会要求在旅游过程中逐渐开阔自己的视野，增加自己的知识，体验新鲜事物以获得乐趣等，即对旅游活动的亲身参与，这实际上就是旅游中的模仿。比如外国游客穿起中国古代皇帝的龙袍，站在宫廷的玉阶上面，就是要模仿体验一次做九五之尊的滋味。在旅游活动中，还存在着集体模仿的情况，即我们平时所说的从众心理。比如游客在旅游活动中的购物行为，往往是一个人或者几个人购买了某件旅游土特产或旅游纪念品后，大家的购买欲望立刻被调动起来了，其他旅游者也会争相购买这种商品。在旅游规划开发中，我们就要利用游客心理存在的这种模仿的意愿，开发出适合游客参与、模仿的旅游项目。如在乡村旅游中，大量的城市人来到乡村，笨手笨脚地学习农作物种植、参与农产品和水果的采摘，也同样是出于对新事物的好奇，通过这种模仿进行一次自己所不熟悉的或是从没经历过的乡村生活的体验。可以说，旅游模仿是我们进行乡村旅游活动项目规划与设置的一个重要内容。

（4）旅游中的游戏

旅游中的游戏，可以增加旅游的乐趣，增加旅游者的体验感受，同时也可以通过这些参与性很强的活动来增加旅游收入，这是现代旅游活动中的重要组成部分。旅游中的游戏常见的有智力游戏、技艺游戏、赌博游戏和儿童游戏等多种。通常，由于游戏所具有的娱乐成分和参与度高的特点，很多旅游产品的经营者都会积极地将一些与旅游目的地相关或者直接就是该文化表征的某种游戏纳入到旅游体验过程当中，使之成为营造旅游情境的重要手段。这样，旅游过程中的游戏设计，连同其他旅游体验方式一样，就成了提高旅游者参与程度和体验质量的重要手段。在乡村旅游地的规划建设中，旅游中的游戏的开发利用更是具有重要意义。乡村中的很多地方文化、民风和民俗本身就是以一种游戏的形式存在，这些都可以利用在乡村旅游的活动或项目中，使游客的旅游过程更加愉悦，内容更加丰富，体验性更强。

1.4 乡村旅游相关概念的分析

1.4.1 国外乡村旅游概念的分析

乡村旅游虽然在西方出现并发展了很多年，但是西方学者、学术组织和机构对乡村旅游的理解和认识也不尽相同，形成了不同的关于乡村旅游的描述和定义（表 1-1）。

国外关于乡村旅游定义的描述　　表 1-1

概念给出者	概念的内容
Gibber & Tung	农户为旅游者提供住宿等条件，使其在农场、牧场等典型的乡村环境中从事各种休闲活动[32]
Inskeep	偏远乡村的传统文化和民俗文化旅游被称为 Village tourism，且不区分农业旅游（Agro Tourism）、农庄旅游（Farm Tourism）、乡村旅游（Rural Tourism）等提法，相互替代[33]
Clock	在乡村这种特殊的居住地，以乡村社区为买卖的背景，将乡村生活方式、乡村文化的生活画面等进行加工、整体推销和出售的旅游[34]
EU&OECD（欧盟、世界经济合作与发展组织）	发生于乡村地区，建立在乡村世界的特殊面貌，经营规模小，在空间开阔和可持续发展基础上发展的旅游类型，并进一步认为“乡村性”是乡村旅游整体推销的核心和独特卖点[35]
芬兰乡村发展委员会	是全面开发乡村旅游资源、创造能够出口产品的途径和工具，通过在量和质两个方面增加努力，乡村旅游可以被建设成为整个芬兰乡村就业和收入的源泉[36]
UNWTO（世界旅游组织）	旅游者在乡村（通常是偏远地区的传统乡村）及其附近逗留、学习、体验乡村生活模式的活动，该村庄也可以作为旅游者探索附近地区的基地[37]
Reichel & Lowengart & Milman	乡村旅游就是位于农村区域的旅游，具有农村区域的特性[37]
Nilsson	农庄旅游就是典型的乡村旅游[38]
Nulty	乡村旅游概念涵盖很多要素，其中心部分是乡村旅游社区。乡村旅游依赖于提供旅游场所的农村地区，依赖于它的遗产和文化、乡村活动和乡村生活[39]

注：根据文献整理。

此外，雷恩（Lane）对乡村旅游给出了更为详细、具有代表性的界定：①位于乡村地区；②旅游活动和规模是乡村的；③社会结构和文化具有传统特征，变化较为缓慢；④旅游活动常与当地居民家庭相联系，乡村旅游在很大程度上受当地控制；⑤由于乡村自然、经济、历史环境和区位条件的复杂多样，因而乡村旅游具有不同的类型。同时，雷恩（Lane）认为农业旅游和农庄旅游是乡村旅游的重要组成形式之一。乡村旅游不仅是基于农业的旅游活动，而是一个多层面的旅游活动，它除了包括基于农业的假日旅游外，还包括特殊兴趣的自然旅游、生态旅游，假日步行、登山和骑马等活动，探险、运动和健康旅游，打猎和钓鱼，教育性的旅游，文化与传统旅游，以及一些区域的民俗旅游活动[40]。

从以上对乡村旅游的概念介绍可以看出，乡村旅游的概念具有相当的复杂性和复合性，有的侧重于从乡村旅游产品的角度进行定义，有的侧重于从乡村旅游发生的地域范围进行界定，有的侧重于从乡村旅游资源的角度进行界定，有的侧重于从乡村旅游包含的类型进行界定等。虽然学者们对乡村旅游概念的界定不完全一致，但基本上都认同是发生在乡村地区的、区别于城市的。“乡村性”（Rurality）是吸引旅游者进行乡村旅游的基础，是界定乡村旅游的最重要标志[41，42]。这个乡村性的内涵包括了乡村旅游自然环境的乡村化、乡村文化环境本真化，乡村旅游整体氛围乡村化的特点。

1.4.2 国内乡村旅游概念的分析

同样，乡村旅游在我国学术界也没有形成统一的概念，在多年乡村旅游的发展和研究中，国内学者们从不同的角度对乡村旅游进行了界定，也形成了一些代表性的定义（表 1-2）。

国内关于乡村旅游概念的描述　　表 1-2

概念给出者	概念的内容
熊凯	以乡村社区为活动场所，以乡村独特的生产形态、生活风情和田园风光为对象系统的一种旅游类型[43]
杜江等	以乡野农村的风光和活动为吸引物，以都市居民为目标市场，以满足旅游者娱乐、求知和回归自然等方面需求为目的的一种旅游方式[44]
王兵	乡村旅游，亦称农业旅游，即以农业文化景观、农业生态环境、农事生产活动以及传统的民族习俗为资源，融观赏、考察、学习、参与、娱乐、购物、度假于一体的旅游活动[45]
张丽娜	以农业的自然和社会资源作为吸引物，以都市居民为客源市场，针对他们回归自然的旅游需求，满足游客观光、务农娱乐、休闲度假、购物等多种需求而开展的参与性强、文化内涵深厚、乡土奇趣味浓郁的新兴旅游活动[46]
甘巧林等	以农业资源、农事活动和农村社区为依托而形成的一种特色旅游形式，是传统意义上的旅游资源非优区顺应旅游业发展趋势，有针对性地进行旅游开发的具体形式[47]
肖佑兴等	以乡村空间环境为依托，以乡村独特的生产形态、民俗风情、生活形式、乡村风光、乡村居所、乡村文化等为对象，利用城乡差异来规划和组合产品，集观光、游览、休闲、娱乐、度假和购物为一体的一种旅游形式[48]
贺小荣	以乡村地域上一切可吸引旅游者的旅游资源为凭借，以满足观光、休闲、度假、学习、购物等各种旅游需求为目的的旅游消费行为，及其引起的现象和关系的总和[49]

续表

概念给出者	概念的内容
乌恩等	在传统乡村地区开展的，以乡村自然环境、风景、物产及乡村生活为旅游吸引物的，不过多依赖资本和高度技术，较少使用专用接待服务设施的旅游活动形式[50]
何景明等	在乡村地区，以具有乡村性的自然和人文客体为旅游吸引物的旅游活动，并提出了乡村旅游的概念包含了以下两个方面：一是发生在乡村地区；二是以乡村性作为旅游吸引物，二者缺一不可[34]
刘德谦	以乡村地域及农事相关的风土、风物、风俗、风景组合而成的乡村风情为吸引物，吸引旅游者前往休息、观光、体验及学习等的旅游活动，并将中国的乡村旅游划分为传统乡村旅游和现代乡村旅游[51]
郭焕成	在乡村地域内，利用乡村自然环境、田园景观、农村牧渔业生产、农耕文化、民俗文化、古镇村落、农家生活等资源条件，通过科学规划、开发与设计，为城市人们提供观光、休闲、度假、体验、娱乐、健身的一种新的旅游经营活动[52]

注：根据文献整理。

虽然我国学者对乡村旅游的概念理解和定义的角度各不一样，但在我国贵州举行的乡村旅游国际论坛上，专家们就乡村旅游所包含的内容达成了如下共识：

①以独具特色的乡村民俗民族文化为灵魂，以此提高乡村旅游的品位和丰富性；②以农民为经营主体，充分体现“住农家屋、吃农家饭、干农家活、享农家乐”的民俗特色；③乡村旅游的目标市场应主要定位为城市居民，满足都市人享受田园风光、回归淳朴民俗的愿望[53]。可以说这既是对我国乡村旅游内容比较全面的理解，也是对我国乡村旅游提出的要求，但也存在着对乡村旅游概括的缺失。

1.4.3 乡村旅游概念在本文的界定

（1）乡村旅游的本质

从哲学的“天人合一”思想来看：人类正逐渐疏远自然，疏远历史，甚至疏远人类自身；乡村作为人类最初的聚居地，是产生怀旧心情、健康情节、生命感悟的原生性的自然与文化的特殊混合体。人类思想最深处贴近自然、与自然融为一体的潜意识时刻在发出走进田园、回归本真的愿望。对乡村的向往与依恋，实际上是人类“怀旧”“回家”的象征，是人们寻求心灵归宿的一种特殊情结。同时，在工业社会生存背景下，人们也表现出了对自然和差异文化体验的强烈渴望。游客在乡村旅游中，可以与传统文化和自然保持近距离的“亲密接触”，享受宁静祥和的乡村氛围，在大自然“氧吧”里获得身心的快乐健康，也可以是对都市喧嚣、快节奏的工作压力和人际关系淡薄与疏离的一种暂时的逃避，或是到乡下去体验和体会一种“怀旧”的感觉。可以说乡村旅游满足了游客在当今快节奏的现代社会下寻求一种“本真性”的需要。

（2）乡村旅游的地域范围

国内外学术界对乡村旅游的概念作了广泛而深入的研究，但到目前为止，还没有统一的认识。显然，“乡村”概念对乡村旅游的界定十分重要。乡村旅游首先是一种旅游活动，其活动是在“乡村”这个空间里开展的。Halfacree 认为，乡村是一个地域范围，突出乡村的特质，即乡村性（Rurality）。Maxwell 与 Ashley 认为，乡村空间的共同特性为：乡村空间的主体是农田、牧场、森林、水面、山体和沼泽，村落和基础设施所占空间很少，居民大量的工作时间用于农业生产，具有丰富和相对廉价的土地。乡村地理学家加雷思认为，乡村是人口密度较小，有明显田园特征的地区，具有粗放的土地利用方式、小规模和低层次的聚落和特有的乡村生活方式。Cloke 将乡村划分为最偏远的乡村、中等距离的乡村等四种主要类型[54]（图 1-1）。

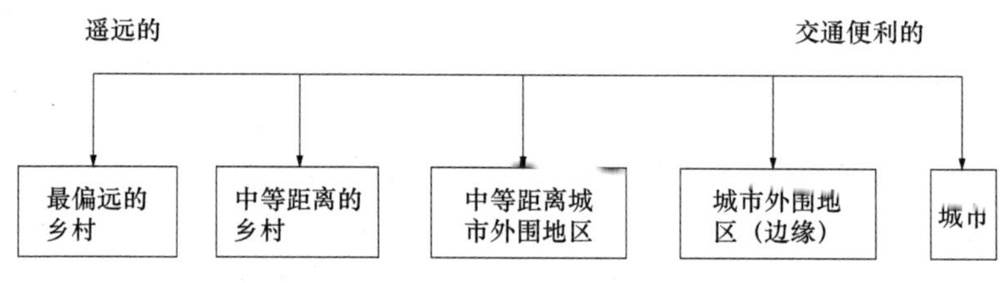

图 1-1　乡村的类型（图片来源：《现代旅游管理导论》）

Glyptis 认为任何非城市环境，即“城市边界之外的区域”皆为乡村。Patmore 认为乡村是介于城市和荒野山地的连续体，因而城市和乡村并没有严格的区别，乡村本身并没有什么特性使乡村成为旅游资源。相反，乡村是由于生活在这个连续体中人们的文化特点而变得富有魅力。Mormont 认为乡村包含重叠的社会空间，这些社会空间有各自不同的思维方式、社会制度和行为网络，乡村的吸引力在于它能提供都市生活所不能提供的东西。此外，还有的学者试图通过列举乡村环境的构成要素或者功能，从感知或从使用者角度出发对心目中的乡村进行界定。

综合以上定义，结合现代地理学词典解释，乡村（Rural area）即非城市化地区，指社会生产力发展到一定阶段而产生的、相对独立的，具有特定经济、社会和自然景观特点的地域综合体。其乡村性为：①地域辽阔，人口密度较小，居民点规模较小；②土地利用类型以农业用地和林业用地等自然用地为主，建筑物占地面积较小，即具有乡村型的自然景观；③具有传统的社会文化特征，人与人之间关系密切，社会生活以家庭为中心，家庭观念、血缘观念比城市重；④社会行为标准受风俗、道德的习惯势力影响较大，人们具有相对保守的心理等。

（3）乡村旅游资源的特征

乡村旅游资源是指因其所具有的审美和愉悦价值而使旅游者为之向往的、存在于乡村的旅游吸引物，其范围非常广泛，包括乡野风光、乡村建筑、乡村聚落、乡村民俗、乡村文化、农业景观和农事活动等自然和人文旅游资源。我国乡村地域广大辽阔，种类多样，多数地区仍保持自然风貌以及风格各异的风土人情、乡风民俗。古朴的村庄作坊、原始的劳作形态、真实的民风民俗、土生的农副产品，这些旅游资源具有的特点对于城市游客来说，具有极大的诱惑力和吸引力。乡村旅游资源概括有以下特征：

① 自然性。在乡村区域内，林业和农业用地特征明显，民居和建筑群都是小规模的，因此自然性是乡村旅游资源最主要的特点。这种自然性和良好环境生态结合是引发城市居民前来游览观光体验的重要因素，包括自然山水、自然动植物、自然气候景观等；②地域性。乡村旅游资源由于其所处地理位置不同，具有明显的地域性特征，这种特征不仅仅表现在自然风貌上，更表现在社会文化上。陕北的黄土高原，放眼过去都是广袤的黄土地，在这种气候和环境下，人们建起了“窑洞”，贴起了“窗花”，唱起了“花儿”。在我国西南少数民族聚集的地方，吊脚楼、干栏式建筑都是适应自然和环境的产物，还有耕作方式、节庆风俗都是特定地域上乡土文化长期积累的结果；③季节性。乡村旅游资源具有明显的季节性，春天万象更新，夏天瓜果飘香，秋天果实累累，冬天年味十足。这种季节性就要求在乡村旅游资源的开发中，要开发与农事生产、农村生活紧密相关的产品和项目，不能脱离了资源的季节性盲目开发；④系统性。乡村旅游资源本身就是一个生态系统，在这个系统中，环境、人类、物种群落有机联系在一起，受到自然生态规律和社会经济规律的双重制约。在这个系统中，乡村旅游资源既可以是具有时空层次的环境，也可以是处于主导地位的人类以及人类活动，还可以是农业生物；⑤遍及性。我国大部分地方都是乡村区域，乡村旅游资源往往涵盖了国家旅游资源分类标准中的所有类别。乡村旅游资源的广泛性和遍及性也给乡村旅游的开发增加了难度，尤其是那些资源特色不明显的地方，如何更好地利用资源存量，开发满足市场需求的特色产品是一项挑战。最终，游客通过参与乡村旅游活动，体验到乡村特有的民风民俗、农家生活、民间文化和民间劳作，体验到城乡文化在各方面的巨大差异。

（4）乡村旅游与其他旅游的关系

① 乡村旅游与农业旅游：首先乡村旅游与农业旅游的划分标准是不同的，乡村旅游是按旅游地域空间来划分的一种旅游形式，它与城市旅游、荒野旅游相对应。农业旅游是按旅游对象来划分的一种旅游形式，与工业旅游、山水风光旅游等相对应。此外，根据《全国农业旅游示范点、工业旅游示范点检查标准（试行）》中对农业旅游点的界定（“农业旅游点是指以农业生产过程、农村风貌、农民劳动生活场景为主要旅游吸引物的旅游点”）和 2005 年以来公布的各批“全国农业旅游示范点”来看，我国正式提出的“农业旅游”的偏重点是乡村旅游中与

生产关系比较密切的那一部分[51]。所以从内涵来看，乡村旅游比农业旅游更加丰富，农业旅游是乡村旅游中的一个重要组成部分；但从范围来看，农业旅游比乡村旅游广泛，它还包括现代化城市中的城市农业景观，二者存在重合部分，但不完全等同（图 1-2）。

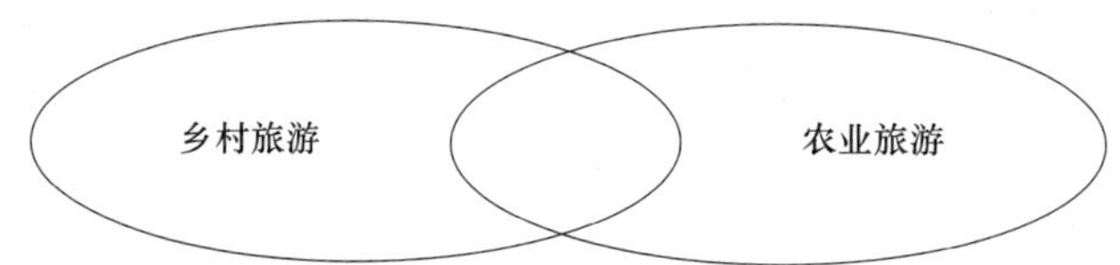

图 1-2　乡村旅游与农业旅游关系（图片来源：作者自绘）

② 乡村旅游与民俗旅游：民俗即民族的风俗习惯，是指一个民族在物质文化、精神文化和家庭婚姻等社会生活各方面的传统，是各族人民历代相传，长期保留而形成的风尚、习俗[55]。民俗旅游是指以特定民族的传统风俗为资源而加以保护开发的旅游产品。民俗旅游既可以在农村开展，也可以在城镇进行，如北京都市民俗旅游的“胡同游”和乡村民俗游的“民俗村”。因此，不应认为民俗旅游仅仅在乡村有。同时应该看到，乡村民俗旅游是乡村旅游内容的一部分。而且，正是因为乡村民俗所具有的丰富文化内涵，所以它是乡村旅游引力十分重要（甚至是不可或缺的）的一部分，是乡村旅游活动的一项重要内容。因此，两者不是包含与被包含的关系，而是存在交集的关系（图 1-3）。

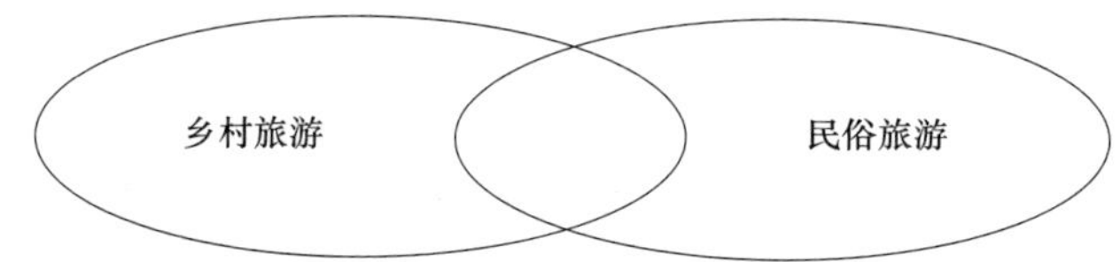

图 1-3　乡村旅游与民俗旅游的关系（图片来源：作者自绘）

③ 乡村旅游与生态旅游：生态旅游是 20 世纪 90 年代旅游界兴起的一种潮流，是当今最受关注的旅游形式之一，生态旅游学会（1991 年）将生态旅游定义为“使环境得到保护、当地人的健康生活可持续的自然区域的负责任的旅游”[56]。美国世界自然基金会（1992 年）提出生态旅游是“以欣赏和研究自然景观，野生生物及相关文化为目标，为保护区筹集资金，为当地居民创造就业机会，为社会公众提供环境教育，有助于自然保护和可持续发展的自然旅游”[57]。从以上几个典型的定义来看，生态旅游是一种旅游形式，是一种“有目的的旅游活动”。生态旅游者的旅游目的地是“自然区域”或“某些特定的文化区域”，从事这种旅游活动的目的是“了解当地环境的文化与自然历史知识”“欣赏和研究自然景观、野生生物及相关文化特征”等，其具有广泛的定位与外延，可以包含多种多样的旅游产品和旅游方式。乡村旅游资源和乡村旅游产品以其淳朴性、自然性、

生态性和文化性可以成为不同层次的生态旅游的一种类型（图 1-4）。

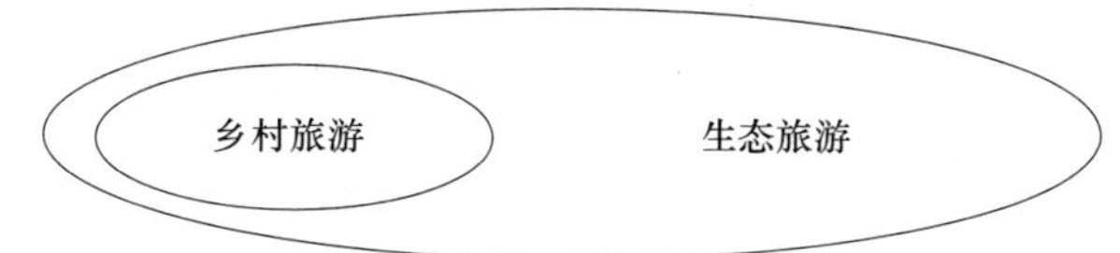

图 1-4 乡村旅游与生态旅游的关系（图片来源：作者自绘）

④ 乡村旅游与可持续旅游：可持续旅游不是一种单纯的旅游方式，从可持续发展概念中沿用而来，是对未来旅游发展没有造成损害的旅游发展模式，适用于一切能够在长期发展过程中与自然、社会、文化、环境、经济等方面保持和谐发展的旅游形式。乡村旅游是一种强调资源、环境、乡村经济、乡村社会和乡村文化等和谐共存并协调发展的旅游形式，是可持续旅游在特定区域的运用和实践，是可持续旅游的一种表达途径。因此可持续旅游不是仅仅局限于乡村旅游，但是好的、成功的乡村旅游必须是一种可持续性的旅游（图 1-5）。

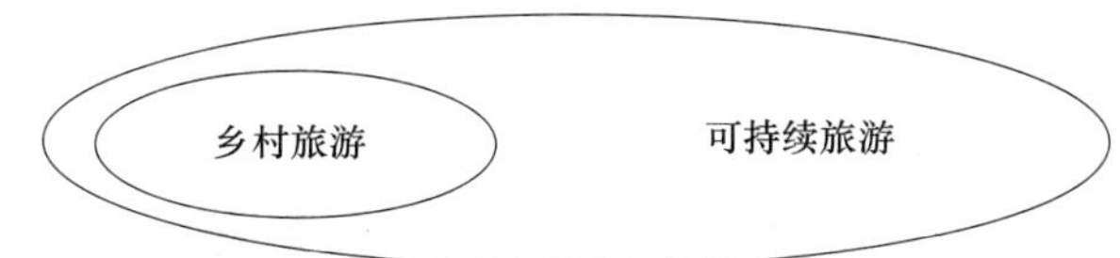

图 1-5 乡村旅游与可持续旅游的关系（图片来源：作者自绘）

（5）本文中乡村旅游概念的界定

通过以上对国内外乡村旅游的概念的解析，以及对乡村旅游的本质、地域范围、旅游资源的特点和乡村旅游与其他类型的旅游关系分析，本文认为乡村旅游的定义是：发生在乡村地区的，以具有乡村性的自然、人文旅游资源和乡村氛围（意象）为旅游吸引物，满足人们观光、休闲、度假、学习、购物等不同层次旅游需求的可持续旅游活动。

1.4.4 乡村旅游体验化的特征

（1）主题性的特征

乡村原始、清新、和谐、健康的自然和文化氛围对城市游客具有极大的诱惑力，这种差异性是乡村旅游资源体验性的特征。不同的乡村旅游景区应当从自身的资源特色出发，结合旅游市场的需求提炼出乡村旅游区的旅游体验主题，使旅游环境、旅游活动保持这种主题特色，使游客感受到与自己的日常生活环境的差异，体验精心设计策划的主题内容，使得体验式乡村旅游产品扎根于乡村当地，独具特色。同时，针对乡村旅游区中丰富的体验内容，也可以规划设计不同的体验子主题，满足不同游客的需求，实现游客休闲、放松、学习等目的。

（2）参与性的特征

增强游客体验的根本措施就是提高游客的参与性。参与可以使游客消除与景物或人物之间的隔阂，增强亲切感。游客通过精神参与和身体参与两种途径融入到景区的旅游活动中。其中游客的精神参与是指游客通过各种途径获取旅游吸引物的信息，从中获得美感和知识；游客的身体参与是指游客亲身参与到景区的活动中，体验旅游活动的真谛。因此，在乡村旅游的体验式规划设计过程中，应当充分设计、创造出多种多样不同层次的、不同形式的旅游活动来满足游客不同的体验需求，提升游客旅游经历的质量，使体验更加具体、形象，留下深刻的旅游印象。

（3）真实性的特征

人们的体验有直接体验、间接体验，也有浅层体验、深层体验、高峰体验等的区别，但是无论哪种体验，无论体验的对象是什么，无论体验的客观结果，体验最终收获的是精神上的满足（内心中各种情感和情感带给人的满足）和物质上的满足。那么在乡村旅游景区规划过程中首先应当规划出真实的乡村旅游地环境、氛围，为游客获得真实的乡村旅游体验创造环境条件，同时提供以乡村真实的资源为素材设计出的旅游活动，使游客获得真实的、地道的乡村体验。

（4）文化性的特征

体验可以满足游客的物质和精神需求，尤其是游客精神需求的满足与体验内容背后所具有的文化内涵具有很强的相关性，游客正是通过体验隐藏在不同的旅游活动、商品或服务后的文化含义来实现这种需求。我国乡村绚丽多姿的乡村文化具有悠久的历史和丰富的内涵。体验式乡村旅游通过深度挖掘乡村旅游资源的文化内涵，使其在旅游产品中进行相应的不同形式、不同层次的表达，满足游客对深层次乡村旅游的需求。

（5）挑战性的特征

不断增加的工作压力、不断缩小的生活空间、不断变快的生活节奏使现代人原有感觉渐趋麻木，他们需要强烈的刺激来激发休眠的感觉细胞，通过不断挑战自我以最大限度地发挥自己的潜能，追求超越心理障碍时的成就感和舒畅感。适度挑战性的体验活动能使游客忘却自我，从日常繁杂事务中逃避出来。如让游客在乡野环境中开展骑自行车比赛、钓鱼比赛、劳作比赛等。当然，体验设计应适度，可通过难度系数分级的方法使游客选择适合自己的难度系数，并使难度系数不断升级，使游客获得最佳体验。

2 体验式乡村旅游规划的内涵、目标和原则

2.1 体验式乡村旅游规划的内涵

2.1.1 体验式乡村旅游规划的概念

现阶段我国的旅游业经过多年的发展，已经开始暴露出旅游景区、景点老化、同质化，旅游产品层次低的问题，不能很好满足我国日益成熟的游客对旅游地旅游产品的特色化、差异化的需求，表现为一些传统的景区、景点受到冷落，一些新兴的、有特色的专项旅游产品受到市场的欢迎。针对这种实际情况，旅游学者们提出了旅游规划的阶段性观点。如魏小安教授从旅游资源开发的角度提出了旅游规划的三个阶段，即“普遍开发、重点开发和创新开发”；从旅游产品开发的角度提出了旅游规划“依托现状阶段、深化开发阶段、市场导向阶段”三个阶段[58]。王大悟等也认为旅游规划要大致经历三个阶段。第一阶段：布局阶段。开发初期，一个景区的规划的重点在于布局，在资源评估的基础上，把景点划分成若干个区域，进行科学合理的布局，然后依次开发建设，就能取得较为理想的效益。第二阶段：质量阶段。在这个时期里，旅游供求双方都出现上升势头，同时，可持续发展提上了议事日程。除了布局之外，规划还必须考虑两个方面的质量，一是环境质量；二是必须确定高质量的项目及高质量的建设，使旅游景点成为在市场上具有竞争力的精品。粗放式的开发已难以取得成功。第三阶段：特色阶段。旅游景点开发在全国范围内铺开，同类相似的景点之间的竞争愈演愈烈[59]。

我国现在的旅游规划发展也处在上述的第三阶段或者是第二阶段向第三阶段的过渡时期，要求在进行相应的景区、景点规划建设中不能只谈布局，只重数量，要根据旅游资源和旅游市场规划设计出参与性强、有特色、有主题的旅游产品，满足旅游市场的需求，吸引客源，占领市场。体验式乡村旅游规划就是针对当下我国乡村旅游发展中暴露出来的问题，结合乡村旅游的体验化发展趋势，应对旅游规划发展阶段论的要求提出的。概括来说，体验式乡村旅游规划就是以游客获得满意的乡村“旅游体验”为根本，通过对某一地域范围内的乡村旅游资源和旅游市场进行化验分析，确立主题性的乡村体验线索，确定乡村旅游的发展布局，确定乡村旅游地功能分区，设计出内容真实丰富、层次多样、参与性强的旅游活动内容的规划方法。其中，主题性乡村旅游体验线索在规划中起核心作用。

在景区层面，它可以是乡村旅游景区（地）的总体规划，也可以是乡村旅游景区（地）的详细规划；在区域层面上，它是区域乡村旅游的发展规划。以具有体验内涵的乡村旅游资源为基础，以游客的乡村体验需求为目标，以乡村旅游主题为核心体验线索，运用体验式乡村旅游规划方法设计出的乡村旅游产品便是体验式乡村旅游产品。

2.1.2 体验式乡村旅游规划的层次

体验式乡村旅游规划作为一种以"旅游体验"为切入点的乡村旅游规划新思路，其体验主题的提出和塑造在整个规划中占有核心的地位。在体验式乡村旅游规划过程中，一方面相应的主题性的体验线索要突出旅游地最为突出的典型资源，来形成对相应旅游群体的吸引；但是有时可能不能完全依靠一个乡村旅游地的资源和旅游产品形成一个蕴含丰富旅游活动内容的主题突出的产品，这时就要通过对区域内的同类性质的旅游资源进行组合，形成区域乡村旅游发展的布局，形成一个主题突出的区域性的体验式乡村旅游产品；同时从旅游规划的不同类别、层次的角度出发，也存在着具体的旅游区规划和旅游发展规划的两种研究内容，用旅游区规划来指导具体景区的发展建设，用旅游发展规划来指导、控制某一区域内不同的旅游景区发展的空间安排。

因此，体验式乡村旅游规划的类别包括区域和景区两个层面。

（1）区域层面上的体验式乡村旅游规划

区域层面体验式乡村旅游规划，即是区域体验式乡村旅游发展规划。区域中大量的乡村、乡村旅游地分布在不同的空间位置上，区域的体验式乡村旅游发展规划就是通过对这些乡村旅游资源进行调查和体验性分析，结合对乡村旅游市场的体验消费需要研究，提出相应旅游体验主题，对区域乡村旅游的发展进行总体规划布局，安排优先发展的乡村旅游地或乡村旅游主题活动的过程（图 2-1）。它是对区域乡村旅游布局的一个整体的控制，最终是为了促进区域内乡村旅游的持续、健康发展。例如通过对区域内的乡村旅游地资源及旅游市场需求进行调查分析后，确定了"乡村教育体验"这一主题作为区域乡村旅游整体布局中某一个子区域（线域或者面域）的旅游开发主题。在这个旅游区域内就可以根据各处乡村旅游地的具体资源条件开发如乡村农事游、乡村生态科学游、农业科技园游等旅游活动，这些旅游活动都有一个共同的体验主题，寓教于乐，使广大乡村游客（尤其是儿童、青少年）在旅游过程中亲身学习、感受乡村蕴含的丰富多彩的农业生产、农业生态、农业科技文化等方面的知识。

（2）景区层面的体验式乡村旅游规划

一个鲜明的、独具创意的、有吸引力和感染力的主题本身就是最好的旅游投资项目载体，吸引投资者进行相应的旅游产品开发建设；另一方面，一个鲜明的、独具创意的、有吸引力和感染力的主题也为游客提供了对景区进行旅游消费体验的线索，使游客在整个乡村旅游的过程中清晰体验到旅游地旅游主题，积极、主动地参与到各种旅游活动中去，最终获得独特的、难忘的旅游体验。总之，景区层面的体验式乡村旅游地规划和开发，要参照以资源为依托，市场为导向，游客体验主题为本的规划原则，首先规划出满足体验氛围的旅游地分区设置，然后进行体验主题的项目创意策划和规划，最后形成特色突出、差异明显、具有文化内涵、注重参与性的体验式乡村旅游产品，同时也要加强对旅游地的游客体验满意度的调查评价与反馈，使得乡村旅游地规划处于一种可实施、可调控的动态发展模式（图 2-2）。

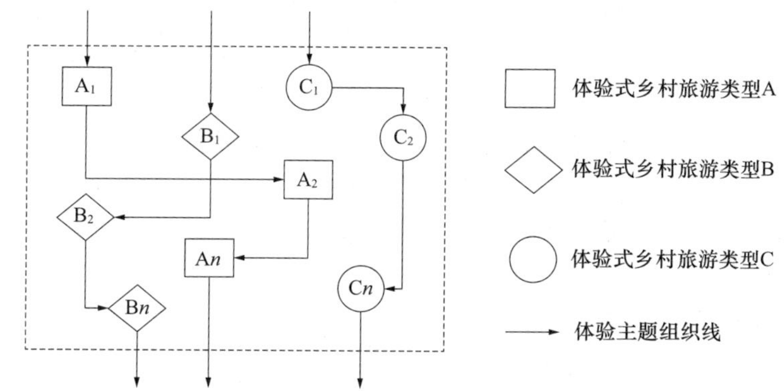

图 2-1　区域体验式乡村旅游发展规划示意图（图片来源：作者自绘）

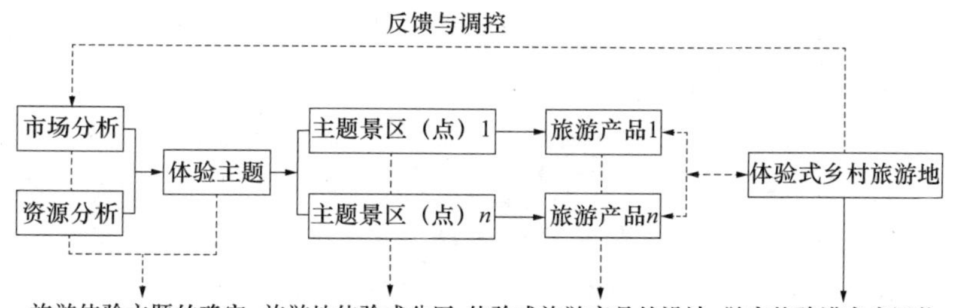

图 2-2　景区层面的体验式乡村旅游规划示意图（图片来源：作者自绘）

2.2　体验式乡村旅游规划的目标

（1）促进乡村旅游的良性发展

乡村旅游在我国经过了几十年的“数量型、粗放式”的发展，虽然取得相当的规模和效益，对满足人们日益多样的旅游休闲需求，丰富我国旅游产品构成，对乡村旅游地的经济、社会和文化发展做出了相应的贡献。但是，在旅游体验化的发展趋势下，乡村旅游业的发展也已经面临着由量的发展到质的提升的问题，乡村旅游产品面临着产品升级、产品生命周期调整的问题。提出体验式乡村旅游规划方法即是解决这些问题的一个新思路，最终提供适合市场需要的、具有不同层次、丰富的体验性乡村旅游产品。希望能够使我国的乡村旅游发展从“数量型、粗放式”的发展阶段进入到“质量型、参与式”的提高阶段，实现乡村旅游的持续和健康发展。

（2）提供丰富的乡村旅游产品

随着我国旅游业的持续发展，游客日益成熟，他们已不仅仅满足于传统的“有物可看，无话可说”的旅游经历。越来越多的人认为现代旅游不完全在于我到过哪里，更多的是一种生活方式的体验，一种旅游心情的享受。对旅游产品要求逐渐从传统的大众化、定制式、观光型的初级、浅层的旅游产品向参与式、个性化、文化性的，具有不同层次体验性的旅游产品转变。传统、初级的以观光为主的乡村旅游产品已经不能满足人们对乡村深层次旅游的需求，人们更加注重在乡村旅游过程中的对乡村全方位的参与和体验，各种类型、各种参与方式的体验式乡村旅游产品已经开始成为乡村旅游市场的宠儿。因此，只有对现有的乡村旅游资源进行深层次开发，发展新的乡村旅游体验形式，才能不断地满足乡村旅游者对原汁原味的乡村环境、乡村文化和乡村生活享受的需要。

（3）利于乡村资源利用和保护

乡村基地上记载着生活在这片土地上的人们与自然长期的适应发展过程中形成的各种物质和非物质的遗产、景观，乡村自然山水格局，乡村农耕景观和乡村风俗习惯等都是这些遗产、景观的具体展现。体验式乡村旅游规划的核心是突出游客的乡村体验，利用乡村自然旅游资源和乡村人文旅游资源为游客规划开发出不同体验类型、体验层次的乡村旅游产品，其更加注重对乡村文化资源的利用，更加注重乡村社区居民的参与，更加注重乡村旅游地的整体环境和氛围。这样就使得乡村的各种旅游资源，包括一些隐性的文化旅游资源得到发掘、开发和利用，使这些宝贵的资源价值重新得到发现，获得相应的保护和发展。

2.3 体验式乡村旅游规划的原则

（1）主题先行的原则

体验式乡村旅游规划的核心是乡村旅游体验主题的提出和塑造。规划内容都要围绕着旅游体验主题展开。资源是进行主题创意的基础，市场决定了主题定位的方向，功能分区要为表达主题服务，最后产品是体验主题开发的结晶。乡村体验旅游的主题必须符合乡村本身的特色，与乡村的自然、人文、历史资源相吻合，主题的提出与旅游环境建设、旅游活动内容的风格相统一，才能够达到吸引游客、强化游客的体验效果，使旅游者获得独一无二的高品质的乡村旅游体验。

最终，为了给旅游者提供难忘的乡村旅游体验，旅游活动的规划和组织必须做到深层次化和高品质化。在策划旅游项目时，根据旅游体验的主题，安排不同层次、不同类型的体验活动，做到动静结合，观赏性、趣味性和知识性结合；同时还要提供机会，让旅游者自觉、自主地与地方社会和民众接触和交流，使旅游者获得深层次的旅游体验和最大的旅游体验满意度。提供给游客“乡村深度旅游”，避免当下乡村旅游中以简单的“走马观花”式的观赏旅游为主，游客在旅游中处于“知其然，不知其所以然”的状况。

（2）梯度发展的原则

虽然我国乡村旅游资源丰富，但是受制于目前不同乡村地区的资源条件和旅游产业发展基础条件的差别，并不是每个乡村都适合旅游开发，即使适合旅游开发的乡村也不应当同时开发。应根据乡村旅游资源禀赋的级别、市场开拓的可能性和财力支撑的可行性，有步骤、有重点地进行乡村旅游开发和各项旅游要素的配置，有的放矢，抓重点，集中优势力量，开发优势乡村旅游资源，面向特定的旅游市场，进行针对性的旅游宣传促销，形成乡村旅游规划开发的“亮点”。

同时要注意区域内和区域间的合作。开放的旅游市场需要区域的联动开发，区域合作已成为旅游经济发展的一大趋势。通过不同时间、不同重点的梯度式的规划开发，最终形成该区域乡村旅游产品结构与地域空间结构的整体主题优化，将各种相关旅游资源按一定的主题组合在一起，以提高规模效应，突出整体优势，塑造特色鲜明的市场形象，使资源在广度上和深度上得到更加充分的利用。通过这种有区别的开发方式，可以使乡村地区一步步取得成功，获得效益，更重要的是有利于以点带面，从而推动临近乡村地区发展，最终实现乡村旅游业本身的经济结构不断优化，形成健康发展的格局。

（3）全面参与的原则

乡村社区居民作为乡村旅游区的原居民，他们既是丰富乡村文化的创造者、使用者，又是乡村自然生态和文化生态的保护主体，更应该是乡村旅游经济的受益者之一。乡村社区居民的参与对于当地乡村旅游的持续、健康发展，对于独特乡村旅游氛围形成和“乡土性”的保持，对于游客的真实性乡村旅游体验的形成具有重要作用。在体验式乡村旅游的规划过程中应首先让社区居民认识到自身文化的价值，也要使其了解旅游开发将对本地未来一段时期经济、社会、文化发展带来的可能影响；要让乡村社区居民了解、参与乡村旅游的规划、开发与决策；要让社区居民成为社会文化传统维护、旅游环境保护和创造的主体，强化居民的自身文化的认同感和自豪感，确保其独特的乡村旅游资源得到保护、利用、传承和发展。

对于游客来说，体验的前提是参与。而乡村文化作为一个地区或民族人们的生存环境、生活方式的一种反映和表现，它是一种鲜活的动态、发展中的文化。

体验式乡村旅游开发利用的资源基本上都保留在现实、具体的乡村社区居民的生活之中。游客要想体验到原汁原味的“地道”的乡村文化，就要求游客积极主动地参与到乡村旅游活动中，亲身体验乡村民俗、乡村节庆，积极地感受乡村社区居民的生活。这就要求我们在规划体验式乡村旅游项目时，应该创造游客参与旅游活动的条件，使游客融入到此情、此景、此地中去，最终获得满意、丰富的乡村旅游体验。

（4）保护开发的原则

从乡村地域的自然生态功能看，由于人类的经济活动对乡村自然生态环境的干扰程度较低，乡村的自然景观结构保存相对完好，景观类型丰富多样，既是重要的生物多样性保护基地，也满足了现代人们对自然景观这种旅游资源的需求。从乡村地域的社区文化功能看，乡村社区是具有相对完整和独立的地方文化，其反映了特定的时期、特定的地域和特定的民族长期形成的文化内容，既是一种重要的文化遗产，也是开展深层次乡村体验旅游，了解、感受、体验城乡差异文化的旅游资源。乡村的自然和文化旅游资源共同构成了乡村旅游的一个本质属性——乡村性，这也是吸引游客前往乡村进行体验旅游的一个根本原因。

因此，体验式乡村旅游的规划与开发必须采用保护文化和自然的策略，在保护开发的原则下突出其“乡土特色”，为游客呈现原真性的乡村景观。保护与适度开发才是乡村体验旅游可持续发展的途径。大规模的乡村旅游开发已经造成许多乡村的自然景观和生态环境遭到破坏，一些优秀的乡村文化传统也被同化或消逝，特别是许多少数民族乡村在旅游开发中已经暴露出了乡村文化“汉化、西化、城市化”的问题。总之，在进行体验式乡村旅游开发时，一方面要挖掘、保护、利用宝贵的乡村文化旅游资源；另一方面合理地评价、利用乡村旅游地的自然资源，适度开发，减少对资源、环境和文化的破坏。

（5）动态调整的原则

旅游规划是一项具有前瞻性和预测性的工作，涉及时间跨度大、涵盖内容广。旅游规划要具备可操作性，就必须考虑到当游客需求心理变化、旅游产品供给变化、旅游产业发展情况变化等情况下规划应具有动态发展调整的功能。体验式乡村旅游规划作为以“主题”为体验线索的规划方法，其规划“主题”应该根据外部条件的变化而具有相应的调整、优化能力，能够根据市场需求的变化及竞争对手策略的变化而进行灵活地调整。这就要求体验式乡村旅游规划的运作机制中应包含反馈、调控机制，根据反馈情况，及时总结规划运作的效果，结合内外部因素变化时空差异情况做出调整，而不只是为了最后编制出一个计划来。实际上，很可能规划的最大益处来自规划的过程，而不是提交一份写好的文件[60]。同时，在动态调控中还应注意规划编制单位与规划区之间的联系，彻底改变目前规划单位编制文本、交付文本后与旅游区断绝联系，旅游区执行规划不与规划单位联系的各自孤立的局面[61]。

这种动态规划的方法最初是由美国数学家里查德•贝尔曼（Richard Ballman）在20世纪50年代初期提出来的。动态规划和线性规划、非线性规划、目标规划的重要区别在于：线性规划、非线性规划和目标规划是研究单一阶段的规划决策问题，就是把研究的问题在时间上看成一个静态的单一阶段，然后根据约束条件求得阶段目标函数的最优解。它们未考虑问题在发展进程中各个分阶段的状态变化因素，因此是解决静态的、单一阶段的规划决策问题。而动态规划是解决线性规划、非线性规划和目标规划解决不了的动态系统的多阶段决策问题，从分阶段的局部最优求得整体最优。动态规划方法实际上是把原问题分成许多相互关联的阶段（子问题），而每一个子问题是一个比原问题简单得多的问题，依次进行，最后一个子问题所得的最优解，就是原问题的最优解[62]。

（6）市场操作的原则

体验式乡村旅游规划必须是面向实践、具可操作性的，才具有意义。确保乡村旅游的规划和发展能为乡村地区的社会、经济和文化的发展带来积极的作用。当前很多乡村旅游规划文本中定性的分析、描述性的介绍成分较多，具体的近、中、远期的规划实施内容以及旅游活动的策划、实施的具体步骤、具体目标等却没有明确说明，规划实施者往往不知从何入手。体验式乡村旅游规划中应当注重具体方案的实施性，把乡村体验主题放在首要的位置，通过体验主题的选取、物化、情景化与活动项目化，让当地政府或旅游投资者明确发展方向，主题产品、主题项目、主题景区等建设内容及优先发展方向，明确项目的重点与突破口。

同时，要做到可操作性，还要使规划具有创新和适度超前性。创新性是实现效益的基础，创新是开发深度的层次递进。它一方面使乡村旅游地文化的升华转化为新的旅游产品；另一方面是旅游市场的拓展，适应更多层面的消费水平。通过对资源的创意和加工，要把乡村旅游资源所涵盖的文化内涵（主要是将景观价值、文化价值、科学价值、生态价值充分地展示出来），通过适当的表现形式使旅游者有更多的享受机会，同时注意乡村旅游产品表现文化内涵形式中的科技含量。最后，乡村旅游产品的策划也要考虑旅游行为的规律，需要考虑产品的市场形象和产品走向市场的方式[63]。

3 体验式乡村旅游规划的基础理论和核心理论

3.1 体验式乡村旅游规划的基础理论

3.1.1 旅游规划理论概述

根据帕瑞斯（Paris）的观点，规划理论可分为两类：一是规划应用的理论（theories in planning）；二是关于规划本身的理论（theories of planning），即研究规划的方法与技巧的理论[64]。

（1）旅游规划应用的理论

我们通常在规划时应用的理论，如经济学理论、行为学理论、闲暇与游憩学理论、旅游社会学理论、旅游地理学理论、区域整体理论、生态环境学理论、人类学理论、旅游政策学理论等，这些理论是对旅游规划的不同环节进行研究，各有自己侧重的作用和表达[65]（表 3-1）。

旅游规划应用的理论　　表 3-1

理论类型	理论内容	在旅游规划中的应用
经济类	旅游经济学、旅游市场学、旅游管理学等	有助于科学地把握旅游者与旅游企业的关系，改善旅游资源的开发利用、旅游行业的结构优化、旅游市场划分、旅游产品定位和营销
环境类	旅游地理学、旅游生态学、旅游工程学、城市规划学、风景园林学等	为旅游规划的资源调查与评价、资源配置、资源保护、资源利用、旅游目的地布局、工程建设、项目开发提供工程依据
人文类	旅游政策学、旅游社会学、旅游心理学、旅游文化学、历史学、人类学、考古学等	为旅游规划的人文资源评价、发展预测、项目优化、线路选择、游览经历优化、社会关系协调、特色与品味的塑造等方面提供不可或缺的思想、理论和技术[66]

注：根据文献整理。

我们可以应用这三大类理论对旅游规划的不同环节进行分析研究，满足我们在旅游规划实践中相应的不同层次的需求。①旅游活动以及与之相关的文化历史与艺术层面：包括潜在于旅游环境中的历史文化、风土民情、风俗习惯等与人们精神生活世界息息相关的社会文明，即关于人们行为活动的规划需求；②旅游项目以及与之相关的景观环境时空层面：基于项目与景观空间布局的规划，包括项目与区域、景区、景点的时间空间上的布局设计；③旅游作为产业的经济运营层面[67]。

（2）旅游规划本身的理论

规划是为实现既定的目标而预先谋划的行动部署，是一个不断地将主体价值付诸行动的实践过程，规划本身的理论即是研究规划的方法与技巧。公认的规划学先驱有经济学家亚当·史密斯（Adam Smith）、空想社会主义学者罗伯特·欧文（Robert Owen）等。1937年，冯·诺伊曼（Von Neumann）提出均衡原理，数学家、经济学家康丘奇（Kontroich）提出了规划论，包括线性规划、非线性规划等理论。现今在旅游规划领域开始强调规划不是静态的蓝图式描述，而是一个过程，一个不断反馈、调整的动态过程，规划要具有根据市场监测和反馈，进行相应的合理的、有根据的修订的可控性。由传统三段式的旅游规划方法，即调查—分析—规划，转变为新的旅游规划三段论，即目标分析阶段—方案阶段—实施及反馈阶段的弹性“全程规划”的概念和方法[68]。

3.1.2 旅游市场供需理论

（1）市场供需体系

市场供给与需求各自都以对方的存在为自己存在的前提，谁也不能单独存在。供给是需求的基础，离开供给的需求是空想的需求；而需求是供给的目的，离开需求的供给，是盲目的供给。供给和需求都各自受到很多因素的影响，但它们必须遵循市场供需均衡这一总的趋势和原理。旅游业作为一种经济产业，它的发展也与经济学密切相关。本文提出的体验式乡村旅游规划提供的体验式乡村旅游产品作为一种新型的乡村旅游产品，同样也必须要满足旅游市场需要，满足乡村旅游者需求，更要注重乡村旅游需求与乡村旅游产品供给之间的关系。提供满足游客旅游市场需求的不同体验主题的乡村旅游产品，指导乡村旅游资源的规划和开发，形成独特的乡村体验情境，使每个乡村游客都能有机会各取所需，获得自己独特的旅游体验。只有这样，才能保证乡村旅游、乡村旅游地的良性发展，最终获得乡村发展的经济效益、社会效益、生态效益。

（2）旅游需求的创造

创造旅游需求是指旅游企业经过多年的旅游市场经营，在充分掌握旅游者信息的基础上，主动引导、激发或者“强迫”旅游者或其相关群体产生新的旅游欲望，进行旅游消费的旅游营销方式[69]。由此我们可以得出，旅游产品的供给一方面要满足旅游者的需求，另一方面还要能够引导和创造旅游者的需求。因为需求可以“无中生有”，也可以创造和引导。通常，一般的需求是客观存在的，但创造和引导的需求却是事先不在的，其需求一旦出现和形成，就会立即在满足之时产生财富。尤其是在瞬息万变的当今社会，旅游消费者在进行旅游消费时所面临的纷繁选择往往会表现出困惑和迷茫，消费者的旅游消费需求希望有人来指导，消费者深层次的旅游消费需求渴望被激发；而对于各种旅游经营，管理企业来说，要想在激烈的旅游市场竞争中取胜，不仅需要维护现有市场的持续、健康的发展，也要注重创造出的新的市场。从旅游需求上来讲，除了要尊重消费者的旅游消费需求，能够主动地去创造、引导旅游消费者的需求同样重要。

旅游需求的创造：①掌握旅游整体需求的态势；②发现并激发旅游者的潜在需求和间接需求；③激励旅游者去影响相关群体产生类似的旅游需求；④借流行、潮流的旅游需求“强迫”旅游者心甘情愿地进行旅游消费[70]。从旅游市场的发展趋势看，旅游市场呈现出越来越强的细分化、个性化、特色化的趋势（表 3-2），这种趋势为我们发现、分析、引导和创造出新的旅游需求起到重要的指导作用。

旅游市场的发展阶段特征[71] 表 3-2

阶段划分	时间	特征	区域
旅游市场单一起步阶段	产业革命前	旅游市场是单一的贵族市场，大众旅游市场仍处于潜伏状态	
旅游市场大众化、多元化阶段	二战以后	现代旅游业开始大规模发展，旅游市场出现大众化、多元化	绝大多数发展中国家
旅游市场细分化、成熟阶段		旅游市场高度细分化，满足旅游市场的旅游产品呈现出定制化、特色化	发达国家和部分发展中国家

注：根据文献整理。

从整体上说，我国旅游市场的发展也正进入到细分化、成熟化的阶段，游客对旅游产品的需求表现出了越来越强的特色化、个性化、自由化的趋势。如我国乡村旅游的发展，在经历了以观光旅游为主（各种形式的观光农业旅游、休闲农业旅游以及乡村民俗旅游等）的初级发展阶段后，其他新型乡村旅游形式也取得了蓬勃发展，尤其是最近几年，由于人们的旅游活动方式正从观光型向度假型转变，乡村旅游也在悄然发生变化。比如，乡村度假旅游，越来越成为最主要、最有吸引力的乡村旅游形式，全国各地不同类型的农民客栈、农村度假村等乡村度假设施，以飞快速度增长。乡村修学旅游，也成为游客的新宠，如各种开展的务农旅游、农业考察旅游等。当然，商务旅游、会议旅游等乡村旅游形式也逐渐进入人们的旅游活动中。在这种乡村旅游由传统的观光旅游向度假旅游发展的背景和趋势下，为我们规划、提供体验式乡村旅游产品创造了良好的发展条件。通过分析游客对乡村旅游产品消费的发展趋势，在掌握当前消费热点的同时也要勇于预测和提出乡村旅游消费的趋势，据此提供出具有针对性的乡村体验主题，进行体验式乡村旅游产品的规划和表达，来满足和引导游客的乡村旅游需求。

3.1.3 旅游心理学理论

（1）游客的旅游需要

①旅游需要的分析：马克思主义需要理论指出，需要是人的本性。它有三个

层次：一是生存的需要，主要是以物质生活资料的满足为内容；二是发展的需要，在生存需要满足的基础上，人对身心发展的需要；三是享受的需要，以前两种需要得到相对满足为前提，人对物质生活的更舒适、精神生活的更愉悦的需要。马斯洛也提出由“生理需要—安全需要—归属和爱的需要—尊重需要—求知需要—审美需要—自我实现需要”的人类需求层次模式理论[72]。此外，从需要的起源来划分，人的需要可以分为生理性需要和社会性需要；从需要的对象来划分，人的需要分为物质需要和精神需要；从人们对需要的迫切程度来划分，人的需要可分为远的间接需要与近的直接需要。

旅游需要从需要类型上看，是一种社会的、精神的需要，也是一种直接的需要；从需要理论上来说，旅游是发展和享受的需要，是在解决了基本的温饱问题之后的一种较高层次的需要。乡村旅游作为近年来兴起的一种新的旅游形式（产品），相对人们传统的大众旅游形式（产品）来说是旅游需求的一种进步。它是人们的一种个性化的旅游需求，是人们远离城市、远离污染、远离竞争、回归自然、感受城乡文化差异的一种高层次的休闲需求。体验式乡村旅游产品的提供可以更好地满足游客对这种旅游需求。在乡村体验主题的控制和指引下，游客可以更好地实现求知、审美，乃至自我实现的旅游需要。

②游客心理特征分析：旅游者的旅游心理一般有以下几种：求知心理、好奇心理、消遣心理、攀比心理、时髦心理、享受心理、顺从心理等。邹统钎教授提出了旅游需求的“五—二—三”模型（图 3-1），他认为旅游主体主要由“五有”（有钱、有闲、有车、有房和有病）人群构成。“五有”是旅游休闲的条件与动机，其中“有病”或防止“有病”是旅游休闲的主要动机。“五有”人群有“二求”：求补偿、求解脱；他们在旅游中寻找“三感”（新鲜感、亲切感与自豪感），而检验他们是否得到真正快乐的标准是“畅”[4]。

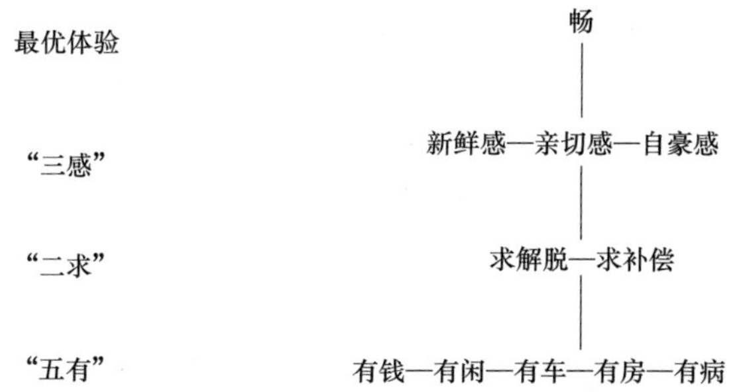

图 3-1　旅游需求的“五—二—三”模型（图片来源：《旅游景区开发与管理》）

现今的体验式旅游者不同于传统的旅游者，虽然他们不一定具备上面所说的“五有”条件，但是他们是随着我国旅游业的发展而日益成熟的现代旅游者[4]（表 3-3）。

传统旅游者和现代旅游者特征比较　表 3-3

传统旅游者	现代旅游者
追求阳光	寻求不同的体验
跟随大众	自己做主
游完就走	观看、享受，但不损坏
仅寻找“到此一游”的感受	只为有趣
占　有	并　存
优越感	理　解
谨　慎	冒　险
在饭店、餐厅用餐	外出尝试地方风味
趋　同	混　合

他们已经不满足于传统旅游形式（产品）的简单旅游经历，他们在乎我到过哪里，但更在乎对不同生活方式、不同文化的体验。具体到乡村旅游时，旅游者不再仅满足于从旁观赏，而更愿意亲身参与乡村劳动，融入到乡村生活中去，体验其中浓郁的乡土味和人情味。在旅游方式选择上，他们通常更愿意选择自主性、独立性强的散客旅游方式而不是团队旅游方式；在对旅游产品的选择上，更愿意选购个性化的产品；在旅游过程上，不喜欢“走马观花式”的巡游，而是选择参与性旅游过程；最后在旅游过程中追求自我实现，充分满足个人需要。

（2）游客的旅游决策

旅游决策是指旅游者根据自己的旅游目的，收集和加工有关的旅游信息，提出并选择旅游方案或旅游计划，并最终把旅游方案或旅游计划实施的过程。旅游决策过程既包括内在的心理活动，又包括外显的行为。针对决策的心理活动过程，梅奥和贾维斯指出，影响旅游者决策的心理因素主要有个人的动机、态度、知觉、学习、人格；社会因素主要有角色和家庭、社会阶层、参照群体、文化和亚文化（图 3-2），旅游决策人又同时受到本人内心和社会的双重影响 [73]。

图 3-2　旅游者个人行为的主要影响因素（图片来源：《旅游心理学》）

此外，学者们的研究也表明旅游态度、旅游动机对旅游决策具有非常重要的影响。具有不同旅游动机的旅游者，他们对旅游目的地的选择偏好存在差异。学者托马斯归纳概括出了18种重要的旅游动机[74]（表3-4）。

托马斯的18种旅游动机 **表3-4**

<table>
<tr><th>文化教育</th><th>休息和娱乐</th><th>种族传统</th><th>其他</th></tr>
<tr><td rowspan="9">去看看别的国家的人们如何生活、工作和娱乐
去某些地方观光
去获得世界上正在报道的事件的更进一步的了解
去参与特殊活动</td><td>摆脱日常单调的生活</td><td>瞻仰自己祖先的故土</td><td>天气</td></tr>
<tr><td>去好好玩一下</td><td rowspan="8">去访问自己的家庭或朋友曾经去过的地方</td><td>健康</td></tr>
<tr><td rowspan="7">去获得某种与异性接触的浪漫经历</td><td>运动</td></tr>
<tr><td>经济</td></tr>
<tr><td>冒险</td></tr>
<tr><td>胜人一筹的本领</td></tr>
<tr><td>顺应时尚</td></tr>
<tr><td>参与历史社会学</td></tr>
<tr><td>了解世界的愿望</td></tr>
</table>

注：约翰·A·托马斯，1964。

最后，对于旅游决策外在的行为体现可以概括为：首先是第二次世界大战结束后，旅游行为发展方向的普遍化、大众化；其次是20世纪80年代以后，旅游行为发展开始呈现多样化、个性化的趋势，旅游者越来越重视个人的运动、娱乐和求知，张扬个性，追求个人需要的满足。到了20世纪90年代以后，人们则纷纷强调个人体验的重要性。

乡村游客的旅游动机总体上说有回归自然、求新求知、怀旧情绪、感受异质文化和自我实现等。体验式乡村游客不同于一般的乡村游客，更加追求旅游过程中不同的体验方式、体验内容、体验层次的差异，感受乡村舒缓的生活节奏、淳朴的乡村氛围、差异的乡村地域文化。因此要求我们提供的体验式乡村旅游产品要针对游客不同的乡村体验动机进行规划设计，提供不同体验层次、体验内涵的乡村旅游产品，使乡村旅游游客不仅能获得感官上的享受，而且更能够参与其中，获得心灵和精神上的慰藉和满足，通过体验式乡村旅游，满足其个性化的需求。

（3）游客对旅游产品的购买

旅游者的整个旅游活动过程，是由旅游需要到产生旅游动机，进行旅游决策，进而产生购买行为组成的一个完整周期。根据旅游心理学的原理，当旅游者产生旅游需要而未得到满足时，就会引起一定程度的心理紧张，并产生一种内在的驱动力，即动机。有了动机，就要寻找、选择目标。当出现满足需要的目标时，旅游者就会进行旅游购买。当旅游者的需要通过旅游消费活动得到满足时，心理紧张感就会消失。购买及消费结果又会影响到新的需要的产生，一个新的循环过程就又开始了[75]（图 3-3）。

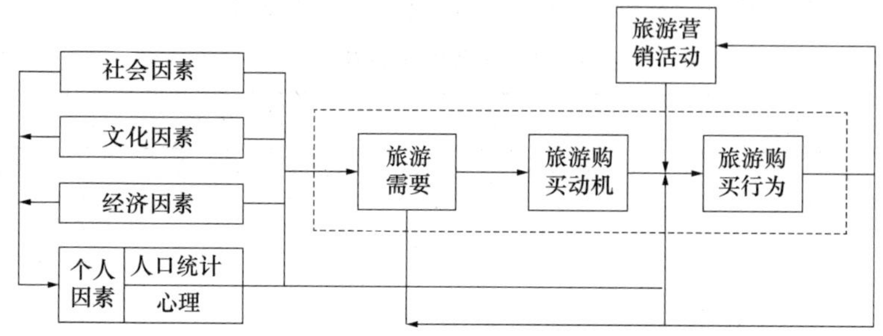

图 3-3　旅游购买行为的“需要－动机－行为”模式（图片来源：《旅游市场学》）

根据心理学原理：需要和刺激是分不开的（图 3-4）。刺激一般可分为两类：一是来自自身机体的刺激，也是有机体内部的刺激，它是通过内部器官感受到的；二是外部的刺激，它是通过外部器官感受到的，来自客观环境，包括自然和社会的各种事物在人的大脑中的反映。

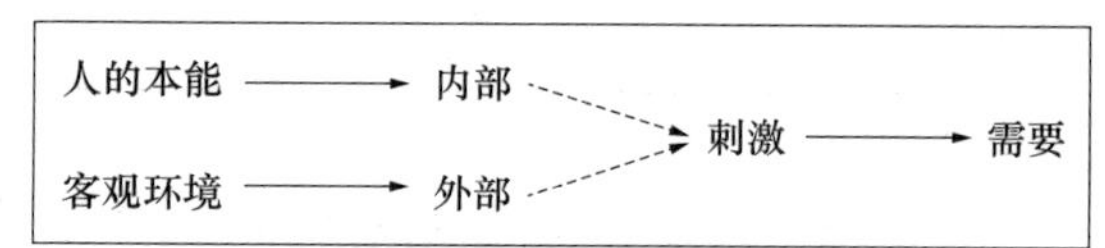

图 3-4　需要的产生（图片来源：《旅游市场学》）

旅游者旅游需要的内部刺激主要来自于旅游者个人的年龄、生理等因素的影响，外部刺激则是社会、文化、经济等因素的影响。根据行为心理学观点，人的行为是外部刺激的结果，行为是刺激的反应，当行为结果能满足人们需求时，行为就倾向于重复；反之，行为则趋向于消退。因此，从某种意义上讲，行为也是上次行为得到强化的结果。这样就可以得到旅游购买行为的另一种模式：刺激—反应模式[75]（图 3-5）。

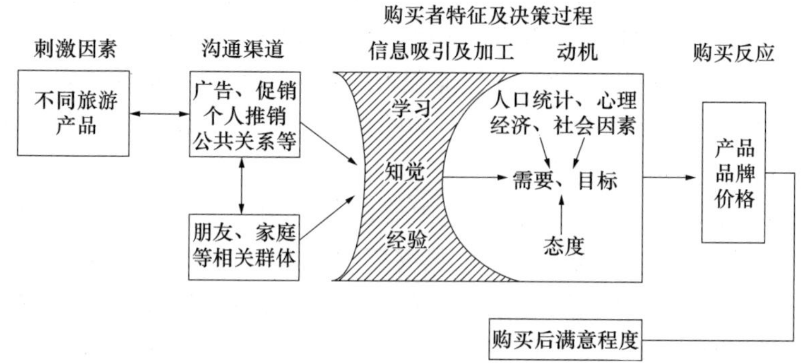

图 3-5　旅游购买行为的“刺激－反应”模式（图片来源：《旅游市场学》）

市场上名目繁多的旅游产品，通过各种铺天盖地的广告形式刺激着旅游者，加上已有旅游经历的朋友与同事的推荐，旅游者便具有了产生旅游需要的外部刺激。旅游者自身通过资料的收集、旅游经验的积累、个人生理心理等多方面因素的影响，使其产生旅游动机，继而付诸行动。

通过游客对旅游产品购买模式的分析，我们可以知道它是“旅游需要（动机）—旅游决策—旅游购买”完整旅游消费过程的最后一个环节。对于整个体验式乡村旅游的消费过程，同样也是如此。我们在进行体验式乡村旅游的规划、开发，宣传、营销，并使乡村游客接受旅游产品的整个过程中，要应用旅游心理学进行指导。最后，根据旅游购买的两个模型，可以明确地知道游客对旅游产品进行体验结束后，其体验效果的好坏对游客进行下一次的乡村旅游消费体验具有重要的影响。这一方面要求我们在规划时尽量提供满足游客需要的体验产品；另一方面体验式乡村旅游规划要相应地具有反馈、调整的功能和机制，使乡村旅游地能够持续发展。

3.1.4 旅游文化创意理论

（1）文化创意

创意已经是当代文化产业发展的不竭动力和源泉。文化创意产业学的运用，依据的是今日经济文化主流和技术发展的现实境况。它的突出特征是科技含量高、文化附加值大和原创内涵丰富。它体现出知识经济时代、信息时代最为鲜明的创新色彩。所谓创意产业，根据文化经济论理论家凯夫斯（Caves）的定义：创意产业提供我们宽泛的、文化的、艺术的，或仅仅是与娱乐的价值相联系的产品和服务。它们包括书刊出版、视觉艺术（绘画与雕刻）、表演艺术（戏剧、歌剧、音乐会、舞蹈）、录音制品、电影电视，甚至时尚、玩具和游戏。文化创意产业在英国提出后就出现在人们的视野中。关于文化创意产业的定义，各个国家政府的研究走在了学术界的前面。联合国教育、科学及文化组织（UNESCO）认为，文化创意产业一般是指那些“来源于创意或文化的积累，通过知识产权的形成与运用，具有创造财富与就业潜力，并促进整体生活环境提升的行业”。他们对文化创意产业内涵有以下分析：结合创意生产和商品化等方式，开发本质为无形但受著作权保护的文化内涵，以提供物质商品或非物质服务。学者戴维（David）认为，文化创意产业是指以文化产品与文化服务为内容，具有创意的生产活动，拥有智慧财产权与传递某些社会意义的功能，并以同心圆来描绘文化创意产业的范围。文化创意产业的概念在中国兴起时间不长，其定义备受争议，不同的学者从不同的角度、不同的侧重面对其定义。现在普遍接受、应用的关于文化创意产业的定义是联合国教科文组织所给出的。

旅游业作为一种文化产业，其发展已经逐渐由传统的资源、资本时代进入到了一个崭新的财智时代。传统旅游时代对旅游业的投入以资源、资金、设备为主，有形资产起决定性作用；而新经济时代的现代旅游业，知识、智力、管理、创新、品牌等无形资产起着日益重要的作用，甚至决定着企业在市场竞争中的胜负存亡。当今的旅游产品更是呈现出丰富多彩、层出不穷的多样化发展趋势，并且形成众多特点。因此，旅游业这种文化产业也被形象地称为“点子”产业、“注意力”产业和“创新”产业。旅游资源深层次的开发、旅游市场的有效推广和旅游产业的高效运营都离不开创意；各种形式和类型的旅游产品的形成也都离不开对旅游资源的创意性应用。乡村旅游作为一种旅游类型也离不开文化创意或与文化创意产业相关概念、方法的应用。体验式乡村旅游规划的创意是指在特定时空条件下，为表现乡村旅游体验主题和规划目标所进行的一种创造性思维活动及其所形成的成果（体验式乡村旅游产品）表达，其功能、作用是产生有依据的、新颖的设想与构思，重点是设计出乡村体验旅游活动的主题和意境，提出总体思路，并考虑怎样在乡村旅游地表现这种主题和意境，使游客获得最优乡村旅游体验效果。

（2）旅游文化资源表达

应用文化创意理论，挖掘文化旅游资源，确定旅游主题，通过科学的规划与设计将乡村文化资源进行物化表达，为游客提供各种主题控制的乡村旅游体验。在这里，物化是指人的思想观念通过实践转化为具体的物质形态的现实存在，物化的过程也就是规划设计的过程，是文化资源内容对象化的过程。通过这个规划过程使文化旅游资源展现给旅游者，而旅游者通过旅游，在旅游体验过程中感受到旅游地文化氛围，并从物化的载体中读取并获得其所承载的旅游文化资源的意义和精神。对于体验式乡村旅游的规划与开发，乡村旅游文化资源的物化与再现尤其重要。乡村旅游地所蕴含的大量的、丰富的乡村物质文化资源、乡村制度文化资源和乡村精神文化资源是其吸引游客前往乡村进行旅游的重要吸引力。只有充分利用和挖掘各种乡村文化资源的底蕴，确立相应的乡村旅游体验主题，精心设计和安排，才能将乡村特色文化元素融入到产品设计、旅游活动和旅游线路中，通过物化的规划手法将乡村文化旅游资源外显出来，为游客创造独具特色的乡村文化景观意象，提供丰富的、不同层次的乡村体验旅游产品（表 3-5）。

乡村文化旅游资源的表达　　表 3-5

旅游资源类型	旅游资源内容	旅游资源的表达
乡村物质文化	乡村的田园景观，乡村的建筑景观，乡村的农耕生活景观，乡村的饮食文化等	饮食品尝、建筑欣赏、乡村特产购买、田园景观欣赏和农耕景观的欣赏等表层旅游体验活动
乡村制度文化	乡村的礼仪文化，乡村的节日文化和乡村的权力制度文化等	节庆活动、婚俗仪式、地方娱乐和竞技参与等中层旅游体验活动
乡村精神文化	乡村的建筑与布局文化，乡村的生活文化和乡村的口头（非物质）文化艺术等	开展乡村修学、乡村摄影、乡村写生等深层专项旅游体验活动

乡村文化资源的三个层次由于其表现形式和显隐性层度的不同，决定了其对旅游体验需求的满足、对旅游行为的支持、对旅游产品类型的不同表达是有差异的，但是它们又是一个有机的整体，各种乡村旅游产品的开发往往都融合了这三个层次的文化资源，它们从整体上决定和影响着游客对乡村旅游地的整体体验和感知，及其对旅游消费的满意度。具体来说，在体验式乡村旅游的开发规划时应注意：

①乡村旅游体验主题的确立。所谓主题，是旅游地发展的核心概念，是旅游地规划表达的中心内容，对旅游产品的规划开发起到了提纲挈领的定位作用。同样，主题也是乡村旅游规划的灵魂，主题既要体现乡村旅游地的特色，也要成为乡村旅游地旅游吸引物的主要内容。“立意在先，规划在后”，规划者应当抓住融在当地人们生活中的，可以让外来者立刻感触到的新鲜而独特的乡村文化氛围，对乡村的历史文化进行认真“阅读”和提炼，准确而深刻地总结该乡村的基本风格，找到这个地方的自然和文化的历史进程及两者相适应而形成的地方特色和地方含义（地方精神）[76]。这包括对乡村自然地理特征、历史文化特征、民族民俗文化的研究以及相应的市场分析，形成乡村旅游规划开发的体验主题，而后续的乡村旅游体验产品规划开发也都要围绕这一主题，运用乡村文化旅游资源的不同层次、不同方式的组合，表达不同的旅游体验产品，满足人们的旅游需求，使游客体验到乡村旅游地浓郁的“乡村性”和“乡村意象”。

②乡村物质文化的表层体验。乡村物质文化多属于乡村静态文化，是乡村文化外在的实体表现，处于乡村文化的基础层，是广大游客对乡村“他文化”的最直观的感受，如乡村的田园景观、乡村的建筑景观、乡村的农耕生活景观、乡村的饮食文化等。其开发的旅游产品主要是观光体验旅游，如饮食品尝、建筑欣赏、乡村特产购买、田园景观欣赏和农耕景观的欣赏等。旅游消费处在旅游审美中的知觉阶段，主要满足游客对乡村旅游最简单、最基本的审美需求。这些旅游活动通常是各地乡村旅游发展初期采用的主要形式，也是我国当前各地开展的乡村旅游中普遍采用的内容。

③乡村制度文化的中度体验。乡村制度文化多属于乡村的动态文化或“活”文化，是乡村文化中间层（或者说是核心层），是参与性很强的乡村文化旅游资源，具有鲜明的民族性、地域性和强烈的文化感染力。如乡村的礼仪文化、乡村的节日文化和乡村的权力制度文化等，它在乡村旅游规划开发中展现特色，也是在竞争中处于优势的关键所在，其开发的旅游产品主要是参与性和交往性的，如节庆活动、婚俗仪式、地方娱乐和竞技参与等。旅游消费处于旅游审美的体验阶段，满足游客对他文化的“求知、求新、求异、求奇”的精神需要，是游客与当地社区居民进行交流的主要形式和平台。这些活动内容已经在各地乡村旅游的开发建设中逐渐受到重视，尤其是在一些少数民族的特色村寨旅游开发中，这些旅

游活动已经成为吸引广大游客的重要内容。

④乡村精神文化的深层体验。乡村精神文化属于抽象的文化层，处于乡村文化旅游资源的最高层，蕴含在乡村其他文化资源载体的后面，是各地乡村“他文化”的精髓，除了用来满足游客正常的观光、休闲度假需求外，也是构成乡村专题旅游的资源素材。如乡村的建筑与布局文化、乡村的生活文化和乡村的口头（非物质）文化艺术等，其规划开发的旅游产品往往需要游客去读解与品味其艺术魅力，需要旅游者具备较高的文化素养以及一定的审美经验、审美态度。可以开展乡村修学、乡村摄影、乡村写生等类型的旅游活动。旅游消费处于旅游审美的认知阶段，满足了游客对乡村旅游地原住民文化内涵的深层把握。这种类型的乡村旅游的活动已经开始受到各类文化学者和广大青年、学生的青睐。

总之，乡村的各种旅游资源文化代表着乡村地区自然、历史的沉淀，乡村旅游的体验式开发应深入发掘乡村旅游资源的底蕴，通过不同层次的旅游活动、旅游产品呈现给游客，从而使不同地区的乡村旅游具备其特有的识别性，使不同地区的乡村旅游具有独特的根基和旺盛的持续发展能力。同时也要反对单纯追求经济利益、迎合猎奇心理而出现“伪”地方文化和地方文化过度“舞台化”的倾向[77]，减少乡村文化流失，防止游客“行为污染”和非乡村文化的渗透，为游客提供一个自然、地道和原生态的乡村体验。

3.1.5 可持续旅游的理论

传统的观念认为，旅游是无烟工业，不会造成环境污染和对资源的破坏。然而，旅游发展的结果表明，旅游同样会造成资源的破坏和环境污染，一些破坏和污染还非常严重，无烟工业只是一种美好的愿望而已。可持续旅游正是对传统旅游造成的问题进行反思而提出来的。对旅游可持续发展的研究，其概念和理论尚无统一结论。在国外，比较权威的旅游可持续发展的定义有 3 个：一是 1990 年可持续发展大会通过的《旅游业可持续发展行动战略》草案提出的，“战略”认为旅游可持续发展是在保持和增强未来发展机会的同时，满足目前游客和旅游地居民的需要。二是世界旅游组织顾问爱德华•英斯基普的定义，认为可持续旅游就是“保护旅游业赖以发展的自然资源、文化资源、其他资源，使其为当今社会谋利的同时也能为将来所用”。三是世界旅游组织 1993 年给出的定义，指在维持文化完整、保护生态环境的同时，满足人们对经济、社会和审美的要求，它能为今天的主人和客人们提供生计，又可保护和增进后代人的利益，并为其提供同样的机会。综合这些概念，旅游可持续发展的概念可以概括为：在充分考虑旅游与自然资源、社会文化和生态环境相互作用和影响的前提下，把旅游开发建立在生态环境承受能力之上，努力谋求旅游业与资源、人类生存环境的协调发展，并能造福于子孙后代的一种旅游经济发展模式。这个概念有两个要点：第一，“发展”是主体；第二，可持续发展包括环境、经济和社会三者的可持续性，三者相互独立，又相互影响，并互为因果，单纯的环境是不存在的[78]。旅游可持续发展思想包括三方面的含义：一是公平性；二是持续性；三是共同性。

旅游区的各种旅游资源与条件的合理、持续的利用，是规划、形成各种类型的旅游产品，不断满足发展变化的旅游市场需要的基础，也是保证旅游区本身持续、健康的发展基础。旅游产业与其他产业一样，其发展不能以破坏当地自然环境和人文环境为代价，其发展不能是短视行为，必须考虑子孙后代都能从旅游中收益。具体地说，就是在获得经济利益的前提下，确保与旅游业相关的自然资源、文化资源和其他资源的可持续利用。这道理很简单，主要有三条：首先，大多数的旅游业发展都依赖于某个地区的旅游景点，以及该地区自然环境、历史遗迹、人文社会活动，如果这些旅游资源被毁掉了，那么这些旅游地就不可能吸引游客，旅游业就成了无源之水；其次，大多数的游客都选择到那些风景秀美、环境质量好、没有污染、没有交通堵塞的地方进行旅游；最后，生活在旅游区的当地居民也不应该因为旅游业的发展而遭到恶劣环境和其他社会问题的伤害。所以，旅游规划主要任务之一就是要确保旅游业的发展既能够充分利用现有的自然资源和文化资源，又可以保护这些资源为后代所利用。

乡村旅游是乡村资源及乡村产业的延伸，是旅游业的重要组成部分。从可持续旅游的理论来看，以旅游农业为主体的乡村旅游是实施旅游可持续发展战略的良好途径。旅游业可持续发展试图摒弃传统的追求规模和数量的大众旅游，寻求一种能使东道社区收入最大化，又能保护自然资源、文化资源的有效途径，强调观光旅游、自然保护及文化保存相结合，同时肩负环境责任。乡村旅游发展目的是为满足人们的观光休闲、求知、娱乐等需要，提高人们的生活质量，带动乡村地区的经济发展，解决乡村地区的劳动力就业，促进开发地区人们收入水平的提高，同时还要兼顾到环境资源、民俗文化的保护等，这些乡村旅游（旅游农业）的发展目标与旅游可持续发展的目标相一致的。要从规划层面上实现乡村旅游可持续发展可以有三个方面的工作。第一是采用环境规划方法，要求在确定乡村旅游发展的最适当类型和方位选择的过程中，对乡村及乡村周围环境的各个因素进行充分的调查、分析和研究。第二是强调乡村社区在规划和发展过程当中的参与性，强调乡村旅游开发主要是为当地居民带来经济效益的原则。当地居民经济利益的增长能够使他们更好地接受旅游业的发展现实，从而更加主动、积极地保护当地旅游资源，提高其对自身文化的认同和自豪感。第三是规划必须推出高品位的旅游产品，这里的高品位指的是乡村旅游地所提供的旅游景点、旅游项目、设施和服务能够真正做到物有所值，能够保护环境资源，能够吸引那些懂得尊重当地社会和环境的各类游客。高品位旅游具有较大的市场潜力，发展高品位旅游使乡村旅游地具有更强的竞争力。作为乡村旅游规划开发的一种新思路——从乡村体验的角度所进行的乡村旅游的规划开发，体验式的特点使我们在对乡村旅游地进行旅游规划开发时，更加强调与当地自然、文化资源条件的保护、协调和利用，更加强调乡村社区居民广泛、深入的参与，使乡村旅游地各种旅游资源的价值得到认识和挖掘，这对于保护乡村旅游地自然、文化旅游资源，使乡村、体验式乡村旅游持续发展具有重要的意义。

3.1.6 旅游空间组织理论

（1）增长极理论

1995 年法国经济学家弗朗索瓦•佩鲁（Fracois Perroux）在《略论“增长极”的概念》中首次提出了“增长极”（Growth poles）的概念和理论。他从抽象的经济空间出发，认为经济空间存在着若干中心、力场或极，产生类似“磁极”作用的各种离心力和向心力，从而产生相互联合的一定范围的“场”，并总是处于非平衡状况的极化过程之中。增长极是由主导部门和有创新能力的企业在某些地区或大城市的聚集而形成的经济活动中心，这些中心具有生产中心、贸易中心、金融中心、信息中心、交通中心、服务中心、决策中心等多种功能，恰似一个“磁场极”，能够产生吸引力和辐射作用，促进自身并推动其他部门和地区的经济增长。增长极理论的核心在于：在经济增长过程中，由于某些主导部门或有创新能力的企业或行业在一些地区或大城市的聚集，形成一种资本与技术高度集中、具有规模经济效益、自身增长迅速并能对邻近地区产生强大辐射作用的“增长极”，通过具有“增长极”的地区的优先增长，可以带动相邻地区共同发展。佩鲁认为，经济增长并不是在每个部门、行业或地区平衡增长的，而是在不同的部门、行业或地区按不同速度不平衡增长。增长的势头往往集中在某些主导部门和有创新能力的产业，这些产业部门往往集中在大城市中心，这些中心就成为增长极。通过对增长极的重点投资，使主导产业或城市发展起来，增长极再通过极化效应和扩散效应带动周围地区实现经济增长。

佩鲁的“增长极”理论的出发点是抽象的经济空间，而非普通意义的地理空间。真正将增长极概念引入区域经济理论中，从而进一步完善这一理论的是法国经济学家布代维尔（Bouldeville）。他在《区域经济规划问题》和《国土整治和发展极》等著述中对“经济空间”这一术语作了开拓性（从经济空间拓展到地理空间并从经济理论延伸到经济政策）的系统阐释。在他看来，经济空间既包括经济变量之间的结构关系，也涵盖经济现象的地域结构或区位关系；增长极既可以是部门的，也可以是区域的，并正式提出“区域增长极”概念。他还把经济空间或经济区域划分为三类：其一是同一或均质区域；其二是极化区域。所谓极化是指增长极的“磁极”作用，极化区域内部不同部分通过发展极相互关联、相互依存；其三是计划区域。极化过程不仅是功能性的，同时也是地域性的；增长极不仅仅是一个推动型单位或一组推动型产业，同时也表现为这些推动型单位或产业在地域空间集聚而成的城市。这样，增长极就从经济空间引申到地理空间，由一个经济单位转化为一个空间单位。同时，他也指出：在地理空间上经济增长不是均匀地发生，而是以不同强度呈点状分布，通过各种渠道影响区域经济。把推动性的产业嵌入某地区后，将形成集聚经济，产生增长中心，通过“扩散效应”推动整个地区经济的增长。

增长极理论在旅游发展中的应用可以得到旅游增长极的概念：区域旅游发展首先出现在一些增长点和增长极上，它们可以是旅游中心城市也可以是高等级的旅游景区，是能对区域旅游发展起到推动作用的单位，然后通过旅游线路向外扩散，并对整个旅游经济产生影响[79]。区域旅游产业增长极确立的方式是多方面的。如通过行政手段，直接选定某些区域作为增长极；或通过市场方式（如利用资本市场）培育增长极；或者依据发展特色。旅游增长极理论的应用对乡村旅游发展、规划具有重要指导意义。乡村旅游涉及的区域辽阔，旅游资源丰富，可开发的项目非常多。假如把资金和人才资源均衡地分散于各乡村地区旅游开发中，不仅难以形成规模效应，还会造成区域内的低水平均衡，从而阻碍乡村旅游业的快速发展。因此，必须制定一个总的规划纲领。增长极理论利用非均衡发展规律，把有限的资金、人力和物力投入到最能发挥效率的地方，形成积聚效应，依赖增长极取得区域乡村旅游业的快速增长和大规模效益，具有能在短期内促进特定地区乡村旅游经济迅速增长的作用。而旅游业作为旅游地的经济增长点可以通过其集聚效应、乘数效应和扩散作用将乡村旅游业的关联作用扩展到一个较为广阔的地域空间。

（2）点轴开发理论

“点—轴”理论是1984年中国著名经济地理学家陆大道先生根据克里斯塔勒（W.Christaller）的中心地理论、赫格斯特兰（T.Hagerstrand）的空间扩散理论和弗朗索瓦•佩鲁（Francoise.Per roux）的增长级理论，在深入研究宏观区域发展战略的基础上提出的。“点—轴”理论反映了社会经济空间组织的客观规律，是区域开发的基础性理论。它在我国国土开发和区域发展中得到广泛应用，且取得显著的效果[80]。

“点—轴”理论中的“点”是各级中心地，即各级中心城（镇），是各级区域的集聚点，是带动各级区域发展的中心城镇，是经济活动在空间的相对聚集点（具有发展前景的增长点），经济的极化与扩散作用围绕它展开。它需要具有以下三个条件：一是以主导产业为核心，并与周围地区的产业高度相关的产业集合体；二是某一方面或几方面的突出优势；三是要有一定的基础设施水平。“点”在满足了以上三个条件后，就能通过产品流、信息流、技术流等对附近区域进行扩散。扩散的物质或非物质要素作用于附近区域，与区域的要素相结合形成新的生产力，以起到带动周围区域发展的作用。“点—轴”理论中的“轴”，是在一定的方向上联结若干不同级别的中心城镇而形成的相对密集的人口和产业带，一般以各种线状基础设施为依托，如各类交通线、动力供应线、水源供应线等。轴带可以理解为依托沿轴各级城镇的产业开发带：它不是孤立的一个生产流通基地，而是若干资源开发，产品和劳务生产流通基地，可能是同一种类，不同层次的；同时它必须处于水、陆、空交通干线上，即要通过相对发达而稠密的运输网把这些流通基地连成一线。由于轴线及其附近地区已经具有较强的经济实力并且还有较大的发展潜力，又可以称作“开发轴线”或“发展轴线”[81]。也就是说，轴线不是单纯几个中心城镇之间的联络线，而是一个社会经济密集带。并且区域内大小中心城市（“点”）和“发展轴”也是分等级的，它们呈现动态的发展变化。

应用“点—轴”理论需要解决的主要问题就是重点开发轴及其对应的点（发展极）的选择，尤其是开发轴的选择，首先要确定各级重点开发轴。对于发展极的选择有两种情况：一是轴上原有城镇，其等级规模，各项指标均有利于轴线实力的加强，这样的城镇可选为轴线上的增长点，进一步加强；另一种是轴上没有可以作为发展极的中心城镇，在这种情况下，可以选择具有局域优势的主导产业，由主导产业的发展，形成较有实力的发展极中心城市。“点—轴”理论同样可以应用于旅游区旅游系统空间组织的研究。要实现旅游区旅游经济的迅速发展，必须选好旅游区的重点发展结点和重点发展轴，通过空间相互作用，包括地区间的货流、客流、能量流、信息流的有序流动，以及各级中心城市游客的集聚与扩散过程，揭示空间结构变化的动力及演变的一般趋势和类型，确定旅游区旅游发展要素、网络结点耦合与区域发展轴的关系，对于推动区域旅游业快速、稳定、协调发展具有重要的意义。旅游景点（区）、旅游城市是旅游经济活动的节点。轴线包括各种形式的联结节点的线状空间要素，如各种道路交通线（含游览线路）、邮政通信线、动力供应线、水源供应线等。轴线是组织旅游活动的通道，是旅游经济系统的“血脉”。具体到在一定的区域内，就是要选择一个（或若干）资源条件好的旅游景区（点）并有重要交通线经过的地点作为增长极给以重点开发，然后逐步确定增长轴的发展方向，最终形成旅游增长极和增长轴等级发展体系。

（3）网络开发理论

网络开发理论也是增长极理论的延伸和发展。这一理论认为，在经济布局框架已经形成，“点—轴”系统比较完善的地区，进一步开发就可以构造现代区域的空间结构并形成网络开发系统。网络开发系统应具备下列要素：一是“节点”，即增长极的各类中心城镇；二是“域面”，即沿轴线两侧“节点”吸引的范围；三是“网络”，由商品、资金、技术、信息、劳动力等生产要素的流动网及交通网、通信网组成。网络开发是在已形成的“点—轴”系统上的延伸，提高了区域各节点之间、各域面之间，特别是节点与域面之间生产要素交流的广度和密度，有利于促进地区经济一体化，特别是城乡一体化，同时通过网络的外延，加强与区外其他区域经济网络的联系，在更大的空间范围内将更多的生产要素进行合理的调度和组合。区域旅游系统的空间结构遵循由“点”（增长极）到“轴”，由“轴”到“网”的进化过程。区域旅游系统空间结构在极化效应的作用下，首先开始“点”的集聚，随着集聚程度的不断加强，一些节点逐步成为区域旅游中心。旅游中心集聚到一定程度后，扩散效应加大，旅游中心开始通过扩散效应影响和带动周围地区的发展，这一过程形成沿着交通线的重点旅游区，并且连成环线，构成一个网络[82]。一个国家和地区，在旅游业发展初期，一般采取增长点（极）开发模式，重点开发旅游景点（区）和旅游城市。随着客源增加，联结景点（区）和城市的轴线开始增加并逐渐完善，轴线上开始出现次级旅游节点，轴线开发模式被广泛运用。到旅游业发展较成熟阶段，各类旅游节点和轴线形成旅游网络，旅游业区域内部及区域之间的竞争与合作开始变得多极化、多层次和多样化，网络开发模式成为主导空间组织模式[71]。

“增长极”、点轴和网络开发理论具体应用到景区、景点层次的体验式乡村旅游的规划开发时，指在一个地区（区域）进行乡村旅游的规划和开发时，首先依据地区（区域）的资源特点确定最具有代表性和吸引力的乡村旅游体验主题，选择、培养乡村旅游增长极。应用到体验式乡村旅游规划的区域层面时，核心是对区域内的乡村旅游景（区）应用不同类型的乡村体验主题进行布局规划，往往把旅游资源价值大、区位条件好、社会经济发展水平高的乡村旅游地作为区域乡村旅游发展的增长极培育，并以此来带动区域内同类体验主题或其他体验主题的乡村旅游地的发展，促使区域乡村旅游的整体、协调发展。在区域层面上，如果采取无规划或均衡式的发展方式，则往往由于乡村旅游产品重点不突出、缺乏特色和恶性竞争等对区域乡村旅游地的发展造成危害。

3.1.7 旅游空间竞争理论

（1）比较优势理论

比较优势理论一直以来都运用于对外贸易领域，对指导国际分工起着重要的作用。英国古典经济学家亚当•斯密和大卫•李嘉图在日益发展的国际贸易实践中创造了比较优势这一理论。比较优势理论的着眼点是一国产业的比较优势。它建立在不同国家和地区要素相对成本差异的前提下。通常发展中国家缺乏资本和技术，而有自然资源、劳动资源丰富且便宜的优势，发达国家则具有资本和技术资源丰富的优势。由于资源和要素流动的空间限制，不同国家的资源组合和禀赋结构不同，而要素稀缺程度的差别又决定了他们在相对价格和相对成本上存在差异。比较优势理论具体应用到旅游业，则要求一个国家或地区旅游产业的发展必须充分考虑其要素禀赋结构。更具体而言，要充分考虑该国或地区的资源禀赋、资本、技术等因素的构成状况，判断地区旅游优势是什么，确定旅游地吸引物的竞争优势以及旅游吸引物的类型和等级。明确优势旅游地，优先发展优势旅游地，并以此带动弱势旅游地。而不是忽视自身条件，一味谋求他山之石。各个乡村有其不同的旅游资源禀赋结构，因此其旅游业发展所选取的战略也应有所不同，但是也必须遵循比较优势原则。在体验式乡村旅游的开发规划中，可以通过对区域乡村旅游资源的分析比较找到优势资源，提炼出体验主题对相应的乡村进行优先发展，并最终以此来带动或协调整个区域乡村旅游的发展，做到优势互补、相互协调，甚至能创造出单个乡村旅游地无法获得的经济效益。最终，优势乡村旅游地能够促进或吸引整合区域内的其他旅游资源，并带动弱势乡村旅游地的发展，形成极化—涓滴效应，在空间上将分散的乡村旅游景区（点），通过资源、产品等组合，形成具有不同体验主题、特色鲜明的乡村体验旅游线路，产生集聚效应，从而带动整个区域乡村旅游业的发展。

（2）旅游阴影区理论

所谓旅游阴影区是指某种等级品位和知名度都较高的某种资源的“势力范围”，在此范围内其他雷同和类似而等级品位和知名度都较低的旅游资源都被笼罩。甚至虽然旅游资源异质，但由于旅游资源价值、知名度及开发条件等方面的限制，其资源特色也会被掩盖甚至扼杀，难以发挥其应有的价值、作用，具有“月朗星稀”的特点[83]。有些旅游资源品位、价值并不低，但由于附近有同类型的或更高级别的其他旅游地，处于这些旅游地的阴影区范围内，就难以展示其应有的魅力。阴影区效应是由于不同旅游地之间的资源价值、知名度、开发的先后次序不同，造成了某一个或某一些旅游地处在另一个旅游地、另一些旅游地的遮蔽之下。阴影区现象是旅游地发展中的一种客观存在，而且广泛地存在于我国的大部分旅游区（点）之内，如：湖南的杨家界处在张家界的阴影区内，山东曲阜的“三孟”处于“三孔”的阴影区内，皖南的齐云山、九华山、天柱山都在黄山的阴影区内，北京数量极多的景点在长城、故宫、十三陵、颐和园的阴影区内等。此外，还有些同类别的资源虽然相距遥远，但一方也处在另一方的阴影区内，最典型的例子莫过于沈阳故宫处在北京故宫的阴影区内等。综合已有国内外相关研究成果可以分析得出旅游阴影区类型主要有以下几种[84-87]（表 3-6）。

旅游阴影区的类型 **表 3-6**

阴影区类型	阴影（屏蔽）方式
资源阴影	旅游区在空间位置中与邻近区域资源的一种关系，与同一区域内相比处于地位较低的旅游区资源，或者是区域间相似或雷同的资源。可分为资源同质型阴影和资源异质型阴影两种类型
客源区位阴影	旅游阴影区和旅游热点区在地域上一般距离较近，在客源吸引方面常处于一个大的旅游区域之内，通常有着同方向的旅游吸引，即相同的主要客源市场
交通区位阴影	游客在选择旅游地时，对旅游地的感应空间与实际旅行行为空间之间存在较大差异，造成这种差异的主要原因之一就是交通可达性的制约。可以细分为交通区位全阻挡型屏蔽、交通区位并列型屏蔽和交通区位略强型屏蔽三种具体类型

续表

阴影区类型	阴影（屏蔽）方式
形象阴影	旅游热点地区往往有鲜明的旅游形象，游客选择景（区）点时会在“光环区”间进行比较，其他景区（点）则进入游客感知的“灰度区”不被选择和考虑
人才吸引阴影	人才资源的流动具有“趋高性”的特点，旅游人才的流动方向也具有相同的特征，即从经济落后地区流向经济发达地区，从旅游落后地区流向旅游发达地区趋势

注：根据文献整理。

从我国乡村旅游业发展实际情况来看，无论是在区域层面还是在地区层面上，我国现在绝大部分乡村旅游地（除了少数位于少数民族地区的特色村落和水乡古镇的乡村旅游地外），都处于我国传统的风景名胜区（景点）和城市旅游区（景点）的阴影下，处于一种劣势的地位。尤其是大部分乡村旅游地处于旅游交通区位和旅游客源这两方面的阴影区内，也有的处于区域内或区域间的不同旅游地或同类优势旅游资源地屏蔽下。这就要求我们在进行乡村旅游的深度、体验式的规划开发时，要对乡村旅游地所在的区域进行各类旅游资源、旅游地客源市场和旅游交通进行全面系统的比较分析，找到可能对乡村旅游地开发建设形成影响、屏蔽的类型，对乡村旅游地开发进行清晰、准确的主题定位，确立有特点鲜明的旅游地形象，找出规划的切入点和立足点，最终生产出具有竞争力，满足需求的乡村体验旅游产品。

（3）旅游区位论

区位的概念在学术界有很多提法，大体可以分为两类：一类学者认为区位是“分布的地区或地点”“人类行为活动的空间”[88]“人类行为场所选择的地点”或“某事物占据的场所”；另一类学者则认为“区位除解释作空间内的位置外，还有放置和为特定目的而标定的地区两重意思”“区位与位置不同，它既有位也有区，还有被设计的内涵”“区位包含有区域和位置的意思”“区位的主要含义是某事物占有的场所，但也含有位置、布局、分布、位置关系等方面的意义”[89]。综合分析可得区位的概念应当包含三层内涵：一是“位”，即某事物所占据的位置，是绝对位置；另一层是“区”，它是指该事物是处在一定区域内的，它与周围其他事物所占据的位置有着相互关联，这种位置应该是相对位置；第三层内涵即“区位还有被设计的内涵”，即根据“位”和“区”的特点，该位置可以发展什么，怎么发展是可以被设计的。而旅游区位的概念是：旅游区位应该看成旅游景点与其客源地相互作用中的相关位置、可达性及相对意义，它可以看成一个旅游点对其周围客源地的吸引和影响，或一个客源地对其周围旅游点的选择性与相对偏好[90]。同样，旅游区位也同样有“区”和“位”的内涵和“被设计”的内涵，虽然大部分旅游资源是不可移动的，即“位”是固定的，但它与周围的客源地之间、旅游通道之间以及其他的旅游景点（同质的或不同质的）之间存在着相互作用，这些“区”的因素对其开发的规模、效益如何也起着至关重要的作用，其“被设计”的内涵是旅游资源应如何开发、区域内旅游产品的最优组合以及开发的先后顺序（区位最优者先开发）等问题是可以被设计的[91]。

区位论或称区位经济学、地理区位论、立地论或标准化理论，最早出现于经济学中，是关于人类活动、特别是经济活动空间组织优化的学问。它有两层含义：一是人类活动的空间选择，可以称为布局区位论；另一层是空间内人类活动的有机组合，可称为经营区位论。布局区位论是区位主体已知，根据区位主体本身固有的特征出发，来分析适合该区位主体的可能空间，然后从中优选最佳区位；经营区位论正好相反，大的区位空间已知，依据该空间的地理特性、经济和社会状况等因素，来研究区位主体的最佳组合方式和空间形态。区位布局或区位经营可分为三个阶段：首先要进行区位现状分析，然后在此基础上进行区位预测，最后进行区位决策并制定相应的政策。区位论以其与市场选择行为的紧密结合和抽象精炼的表达方式，受到旅游规划师的重视[92]。旅游活动是在空间上的活动，必定有空间布局和空间组织优化的问题，因此也可以用区位论来研究。但传统的区位论对旅游区位来说，存在着一定的困难：旅游资源有别于其他资源，一般是不可移动的，旅游者只能在旅游地使用和购买，相同的旅游资源对于不同的旅游者又具有不同的价值；另一方面，旅游所涉及的因素极多，又有许多是不可确定的。尽管区位论在旅游区位研究中遇到了很大的困难，但由于旅游活动是在一定区域上的活动，因而必须用区位论来指导。目前旅游区位中研究比较成熟的有中心地理论和距离衰减原理。

① 中心地理论的创始人克里斯塔勒（W.Christaller）从旅游需求出发研究过旅游区位，虽然没建立一个旅游作用的理想空间模式；但在此基础上，逐渐形成旅游中心地理论。中心地理论的基本思想是：中心地存在于一定范围的区域内，不同大小的服务区域对应不同规模的中心地；不同规模的中心地构成一个等级序列；中心地体系的具体空间排列服从于中心地的功能性质。中心吸引物是指在少数的地点（中心地）生产、供给，而由多数的客源市场前来消费的商品。中心吸引物的供应者（如风景区、度假村、娱乐中心等）一般布局在旅游者容易到达的交通便利的少数地点。旅游中心地的等级性表现在每个高级中心地都有几个中级中心地和更多的低级中心地；决定供给地产品和服务供给范围大小的重要因子是经济距离。如在对旅游地市场区位、结构分析上：通常把旅游地客源市场分为三级结构：一级市场（基本市场）、二级市场（区域市场）和三级市场（机会市场）。其中，一级市场、二级市场是最基本的市场，占的份额最大，也最稳定。大型旅游项目开发应依据市场结构的一般特征，选址于客源市场潜力大、交通方便的地域，即经济发达地区，以保证旅游地正常运行的门槛入口、旅游地开发的良好收益和发展。

② 距离衰减原理认为：如果地理现象之间是相互作用的，则作用力随距离的

增加而降低。这个原理在20世纪60年代后期引入旅游研究，认为随着旅游目的地和客源地之间距离的增加，接待的游客量在减少。其中客源地的“推力”反映的是旅游者的偏好及需求规模；目的地的“拉力”反映的则是旅游目的地为旅游者提供核心利益、满足其效用的能力；而距离衰减则意味着旅游者的支出成本随着距离的增加而增加，使到岸价格上升，从而导致需求减少。由于旅游资源的不可转移性决定了旅游者必须离开常住地到目的地进行旅游消费，因此旅游者的旅行成本体现在时间机会成本、交通成本及离开惯常生活地所引起的所有费用。所以与一般商品相比，旅游的旅行成本对空间距离更为敏感。客源地与目的地空间相互作用的背后隐含的正是一个理性旅游者的行为准则，即在预算约束下的效用最大化或在效用既定情况下的成本最小化。反映在旅游者的行为上就是尽可能到级别比较高的旅游点旅游，尽可能选择距离近的旅游目的地。

乡村旅游作为旅游业中的一个类型，其空间布局与项目选址、旅游路线安排等都存在区位优化和选择问题，都涉及乡村旅游地项目的定位、选址等问题。在进行乡村旅游地项目选址、规划开发时要对旅游地点的市场层次，游客的出游能力进行详细分析论证，在为游客提供良好的乡村体验旅游产品的同时，保证乡村旅游地的收益和发展。

3.1.8 旅游地生命周期理论

（1）旅游地生命周期模型

“生命周期”最早是生物学领域中的术语，用来描述某种生物从出现到死亡的过程。后来，该术语被许多学科用来描述相类似的变化过程。在旅游学界，国外的旅游学者将这一概念引入到旅游地的发展演化中来，提出了“旅游地生命周期”（RLC，Resort Life Cycle）或“旅游产品生命周期”（PLC，Product Life Cycle）的概念。

对旅游地生命周期的研究最早可追溯到20世纪30年代末吉尔伯特（Gilbert）对英国海滨胜地成长过程的研究[93]；也有人认为旅游地生命周期一般性的概念最早是由奎瑞斯特（W.Christaller）在研究地中海沿岸旅游乡村的演化发展过程中提出的，他认为旅游乡村生命周期可以划分为三个阶段：发展阶段、增长阶段和衰退阶段[94]。目前，被学者们公认并广泛应用的旅游地生命周期理论是由加拿大学者巴特勒（Butler）提出的[95]。巴特勒根据沃恩（Vernon）提出的产品生命周期概念，以及经济地理的其他研究成果，在1980年对旅游地生命周期理论进行了阐述，并成为经典之作。巴特勒认为旅游地的生命周期是一个循环变化的过程，一个地方的旅游不能永远处于同一个水平，而是随着时间变化不断演变。他用一条近S型的曲线变化，来说明不同发展阶段旅游地的发展状况：有时候旅游地的游客数处于上升、增长阶段；有的时候游客人数却可能处于下降状态，据此将旅游地的演化发展分为探索阶段、参与阶段、发展阶段、巩固阶段、停滞阶段、衰弱或复苏阶段等六个不同时期（图 3-6）。

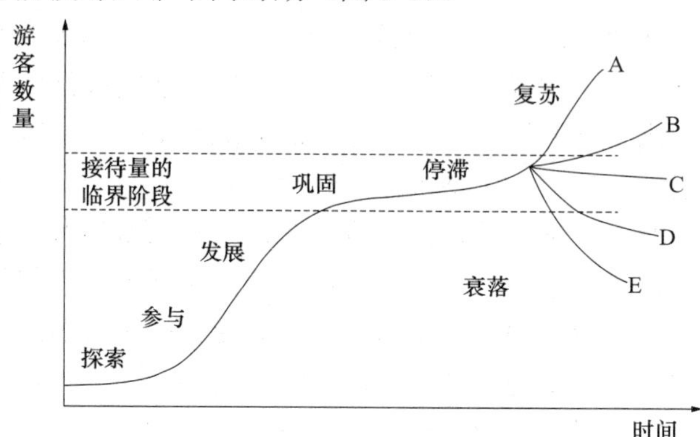

图 3-6　Butler 旅游地生命周期模型
（图片来源：《旅游地生命周期的概念：旅游资源管理的内涵》）

通过巴特勒生命周期阶段模型理论可以对一个旅游地的宏观发展演进过程进行相应的阶段分析，但是对于旅游地各个发展阶段的游客类型、游客人数、旅游产品等社会和经济指标却缺少相应的分析和描述，这些也是将生命周期理论运用于旅游地规划开发实践的重要基础。阿伦特（Arendt）和盖茨（Getz）等学者针对这一情况对巴特勒的生命周期理论进行进一步的深化研究[96，97]，进一步详细具体地给出了旅游地生命周期各个阶段的特征（表 3-7）。

旅游地生命周期各个阶段特征　　表 3-7

周期阶段	旅游地特征
探索阶段	旅游地发展初始阶段，自然和文化吸引物吸引少量"异向中心型"旅游者，或称之为探险者，此时旅游地很少有专门的旅游服务设施
参与阶段	旅游人数增多，当地居民为游客提供简便的旅游服务，制作广告宣传旅游地。旅游市场季节性、地区性出现，旅游业投资主要来自本地区，公共投资开始注意旅游基础设施建设
发展阶段	旅游人数增长迅速，超过当地居民。外来资本大量投入，外来旅游公司大量进入，给旅游地带来大量先进的旅游设施和服务，同时控制了当地旅游业。大量人造旅游吸引物出现，并逐步取代原有自然和文化旅游吸引物。大量旅游广告吸引更多旅游者，较为成熟的旅游市场形成。"混合中心"型游客取代"异向中心型"游客，旅游设施过度利用和旅游环境恶化现象开始出现
巩固阶段	旅游人数增长速度下降，为了缓和旅游市场季节性差异，开拓新的旅游市场，出现更多的旅游广告，"自向中心型"游客光临。旅游地有了明确的功能分区，当地居民感受到旅游业的重要性
停滞阶段	旅游人数高峰到来，已经达到或超过旅游容量。旅游地依赖比较保守的回头客，大批旅游设施被商业利用，旅游业主变换频繁，旅游地可能出现环境、社会、经济问题。为了发展，开发旅游地外围区
衰落阶段	旅游者流失，旅游地依赖邻近地区的一日游和周末旅游的旅游者来支撑。旅游地财产变更频繁，旅游设施被移作他用，地方投资重新取代外来投资占主要地位
复苏阶段	完全新的旅游吸引物取代原有的旅游吸引物

同时针对旅游地的衰落或复苏阶段，不同的学者对巴特勒的模型进行了修正，归纳出在衰落或复苏阶段有可能发生5种情况（图3-6曲线A，B，C，D，E）：①深度开发卓有成效，可促使游客增加和市场扩大，如曲线A；②较小规模的改造和调整，持续对资源吸引力的保护，游客量可以较小幅度地增长，如曲线B；③调整满足各种需要，可遏制游客量下滑的趋势，使之保持在一个稳定的水平，如曲线C；④过度利用资源会降低竞争能力，从而导致游客量显著下降，如曲线D；⑤战争、瘟疫或其他灾难事件的发生会导致游客量急剧下降，如曲线E，这时要想游客量再恢复到原有水平极其困难。如果衰退时间持续太久，旅游地在难题解决之后对多数旅游者都不会再有吸引力。

（2）旅游地生命周期影响因素

了解推动旅游地演化发展的动力，找出影响生命周期变化特点的主要因素，对于旅游地的管理和规划开发是很有帮助的，纵观来看，国内外学者在对生命周期理论进行大量的实证研究中，都试图找出对各自案例中旅游地产生影响的主导因素，从而进一步探讨对一般旅游地发展产生影响的因素，深化生命周期理论的研究。我国学者谢彦君从需求、效应和环境三个因素入手分析了对生命周期进行控制和调整的途径（图3-7）。他认为需求因素是决定旅游地产生、发展和消亡的最重要的客观因素之一，效应因素指旅游的经济、社会和环境效应对旅游地的影响[98]。

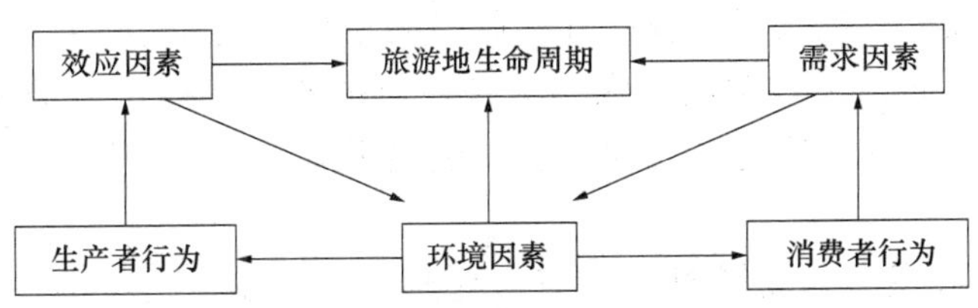

图3-7 旅游地生命周期与相关作用因素关系
（图片来源：《旅游地生命周期的控制与调整》）

也有学者将影响旅游地生命周期演化发展的因素分成内部因素、外部因素和不可控因素三类（表3-8）。内部因素主要是指来自于旅游系统内部的吸引系统，可以通过旅游地内部的努力得到提高或改善的因素；外部因素主要是指来自于出行系统和外部支持系统的因素；不可控因素主要是指来自旅游地外部无法控制和调整的因素[99]。

旅游地生命周期影响因素 **表3-8**

内部因素	外部因素	不可控因素
旅游地资源特点、当地的环境因素、旅游产品、旅游地形象定位、旅游供给设施、服务水平	旅游地的交通通达性、政府政策法规、旅游管理决策、景区规划作用、旅游企业的营销作用、旅游地外部投资力量	突发因素、宏观环境、区位条件、旅游者的行为特征、当地居民的态度、同类旅游地的竞争

根据对旅游地生命周期各个阶段的特征进行细化的描述，结合旅游地生命周期影响因素的分析，使旅游地的生命周期理论对旅游地各个阶段演进特征的分析更加具有预测力和可操作性，更好地来指导旅游地在发展的不同阶段应当采取的不同经营和开发战略。例如，在探索阶段应该致力于旅游地自然环境和人文环境保护；在发展和巩固阶段，要加强对旅游地的规范，加强对旅游产品、旅游地景观特色的控制，防止旅游地的衰落；一旦衰落发生，那么就应该综合考虑根据本地资源条件和旅游市场要求去复兴旅游地以及采取的复兴手段，最终使旅游地持续健康地发展。应用旅游地生命周期的相关理论，进行乡村旅游地规划开发时相应采用不同的规划思路和策略，如对新兴的乡村旅游地规划开发、对已处于旅游地发展不同阶段的乡村旅游地再开发就应区别分析和处理，采用如兴建式开发、规范式开发和复兴式开发等不同的规划处理思路和方式。

① 兴建式开发：针对新的乡村旅游地建设的一种开发方式，这种方式主要是对旅游地生命周期中探索阶段和参与阶段理论的应用。旅游地要在详尽分析本地自然、文化旅游资源和当前旅游市场需求的前提下，提炼出旅游开发规划的主题来指导和控制乡村体验旅游产品，营造出具有鲜明地域特色和风格的乡村旅游景观环境和乡村文化氛围，提供主题明确、个性突出的体验方式，才能在激烈的旅游市场中站稳脚跟。同时，要注意在旅游地起步阶段的发展规模和发展速度，循序渐进，分步推进，积极倡导乡村社区居民的参与，这样才能在激烈的旅游市场中有效地控制风险、稳步发展。为生活在城市中的人们提供一个环境自然清新、生活氛围淳朴、地域文化差异表现真实，远离污染、远离竞争的乡村旅游生活体验场所。

② 规范式开发：主要针对当下在乡村旅游市场正常运行的乡村旅游地的一种再开发方式，其目的是使处于发展阶段或巩固阶段的乡村旅游地能够持续保持良好的发展态势，延长其发展稳定期，防止和延迟衰退期的到来。因为随着社会的进步和人们生活水平的提高，人们的旅游需求及消费行为特征也随之发生了变化。因此，在那些已经开发的乡村旅游区，一方面要控制乡村旅游发展规模，优化旅游区功能配置，保持乡村旅游地的景观特色和人文特色，防止旅游地容量的过载和环境恶化；另一方面要根据旅游市场新的需求，开发利用那些以前未被认识和利用的旅游资源（潜在的旅游资源），使其成为新的旅游产品，同时也要加强原有旅游产品的深度、深层次开发，满足游客日益突出的体验需求。如在当今竞争日益激烈、旅游产品同质化严重的情况下，乡村旅游产品的开发不仅要利用通常的物质形态的乡村旅游资源，更要开发和挖掘各地乡村制度形态和精神形态的文化旅游资源，为人们提供全方位的乡村旅游体验产品。

③ 复兴式开发：主要是针对那些原来已经开发成功，但现在处于衰退中的乡村旅游地。它们或者是因为旅游产品落后、不适应旅游市场条件的变化而导致

旅游地的衰退；或者是由于同质旅游产品的竞争而导致旅游地的衰退；或者是因为经营不善而导致旅游地的衰退；或者是因为自然、疾病等突发事件而导致旅游地的衰退，造成了游客数量急剧减少，旅游地环境恶化，旅游设施闲置或转为他用，但是它在旅游者当中或是在旅游市场中仍有一定的知名度和影响力。对于这样的乡村旅游地我们就要重新分析和评估其自身所具有的乡村旅游资源，结合当下旅游市场的需求进行修整、复兴式的旅游规划开发，或者为游客提供新的旅游体验产品，或者增加需要的旅游设施、改善旅游环境质量，提高整体的接待服务等使其重新成为可供旅游者进行乡村旅游观光和乡村旅游体验的旅游地，使其步入新的发展上升阶段。

总之，根据旅游地生命周期理论，利用旅游地生命周期各个不同阶段所表现出来的特征，可以为我们对处于不同发展阶段的乡村旅游地的经营、管理和规划开发提供不同的思路和策略，努力促使乡村旅游地保持引力，提供新型的乡村旅游产品，满足乡村旅游市场的需要，延长其发展稳定期，防止衰弱期的到来；或者在衰弱期到来之前，未雨绸缪，进行相应的旅游产品的升级和更新，使乡村旅游地步入复兴期的良性循环，使乡村旅游地能够持续健康地发展。

3.2 体验式乡村旅游规划的核心理论

3.2.1 “真实性”理论

“真实性”（Authenticity）一词最初来自希腊语，意思是自己做的、最初的，又被译作原真性、可靠性、准确性、本真性等。真实性主要有两层含义，一是指在博物馆中被用来说明展品是否真实，其价值是否与价格相符合[100]；另外还指人本已本真的状态[101]。20 世纪 70 年代，旅游者开始重视“真实性”的旅游体验，期望获得更真实、更深入的旅游体验，“真实性”概念延伸到旅游领域。最早将“真实性”引入旅游与社会学研究的是美国学者马康耐（Maccannell），他在 1973 年发表的论文《Staged Authenticity》(《舞台的真实性》）中率先将“舞台真实”用于研究旅游者动机和旅游体验，并认为对“真实性”的追求为现代旅游业的主要动机[102]。从此，真实性成为西方旅游研究的核心概念，引起各种热烈的讨论和分析。主要讨论旅游体验、经历的真实性，即现代游客在何种程度上追求真实性，他们能否实现追求真实性的目的；通过分析游客是否关心“真实性”，解释游客行为的差异；旅游目的地以及游客在景区的经历会如何帮助游客实现其追求真实性的动机等问题。近年来，国内已有学者开始关注旅游真实性问题，关注旅游产品真实性的类别以及各种旅游产品体验真实性实现的问题。

（1）舞台真实

“舞台真实”的说法是源于著名社会学家戈夫曼（Erving Goffman）在人际

交往形式研究中首创的“戏剧论”。他把社会比作一个大舞台，将社会结构分为“前台”（the front stage）与“后台”（the back stage），“前台”指演员演出及宾主或顾客与服务人员接触交往的地方，“后台”指演员准备节目的地方，是一个封闭性的空间。社会舞台上有三种人：一是演员，二是当地的观众，三是外来人。观众和外来人是不能进入“后台”的，否则会给社会带来“不安定因素”，“后台”的东西是不能向外人随便展示的。在马康耐提出的旅游的“舞台真实”理论中，他将旅游活动的空间范围划分为“前台”与“后台”，“后台”使人相信还有一些没有看到的东西，即使确实没有什么秘密，仍然是人们普遍相信有秘密的空间[103]（图 3-8），他在这个理论中指出：

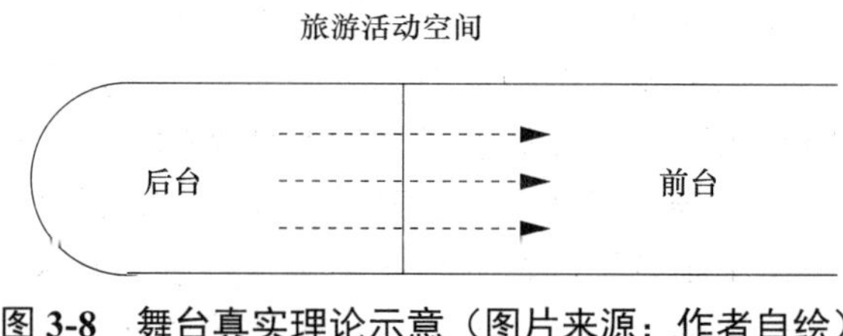

图 3-8　舞台真实理论示意（图片来源：作者自绘）

① 前台是旅游者与东道主的接触空间，后台则是东道主“表演”的休息空间。后台对旅游者是封闭的，允许不使用道具或是出现使人对前台表演不产生怀疑的活动。这一点对于维持旅游空间的神秘感和前台的真实性非常重要，后台的隐蔽保证了“舞台真实”。

② 一般情况下，很难区分前台与后台，二者彼此之间还会转化。后台的本真文化向前台渗透，前台的游客才能体验当地的真实生活，或看到真实的生活方式。这种渗透应该是取其精华，弃之糟粕的渗透。当文化完全渗透到前台时，就没有了前后台的界限，后台也就成为旅游者可以接触的前台。

③ 旅游场景社会结构中旅游活动空间能否成为前台“表演”的“真实舞台”，取决于这种“舞台表演”在多大程度上是以游客体验的真实性动机和需求为中心来营造的。基于这种考虑，在营造“舞台真实”时，就要考虑当地独一无二的特色、逼真的复制现实社会中的活动形式，最重要的一点就是要对旅游者开放。而被“舞台真实”模仿的真实空间，就成为“后台”。

④ 前台的舞台真实来源于后台现实生活中的真实，但不等于原生文化本身的真实。它通过艺术的加工和提炼，使原生文化显得更加真实。舞台真实不能说丧失了真实性，因为它还是在原传统的基础上制造出来的。通过这种象征性的旅游产品，使东道主的居民保持了自尊，并强化和保护了民族地区的社会传统。

最后，前台的舞台化保护了后台的神秘。尽管旅游者的潜意识是存在渴望真实性的动机的，但是他们很难确切知道他们正在体验的是不是真实的，而只能去感知。他们可能会误以为进入了后台，其实他们走向了“舞台真实”的前台。舞台真实防止大量的游客进入当地人生存的真实空间（后台），这在很大程度上保护了当地的原生文化，使其免遭破坏，是保护文化的有效手段之一。

当展演是有目的地为游客布置时，旅游空间就成为旅游场景，旅游场景可以看作是由“前台”开始到“后台”结束的连续统一体，游客在旅游场景中的体验行为主要限制在被装饰得看起来像“后台”的区域与允许游客参观的“后台”之间的移动。同时马康耐认为，在旅游景观系统中，为了保证“前台”表演的“真实性”和“可信度”，就必须保证“后台”的封闭性和神秘感，理想的旅游是一种对他者（others）或社会某方面的“真实”和“去神秘化”的体验。旅游者旅游和获得旅游体验的动机是出于对“真实性”的追求，游客希望分享参观地的真实生活，或至少看到真实的生活方式，但是，并非所有的旅行者都注意观察参观其幕后的东西。

（2）舞台猜疑

以色列学者科恩（Cohen）对马康耐的“舞台真实”理论进行了延伸和完善，提出“旅游空间与舞台猜疑”理论；对旅游情形进行了分类（表 3-9），区分旅游情形的两个维度分别是：旅游者所进入景观的本质和旅游者对景观的感知或印象 [104]。旅游景观的本质界于真实的景观系统（没有旅游供给方处理过的景观）和舞台化的景观系统（已经被处理过的景观）之间。旅游者对景观系统的感知印象也分为两种：一种认为其所进入的景观系统是真实的，另一种认为其感知到的景观系统是旅游供给方处理过的。游客感官印象与实际情形有一致与存在差异两种情况，无论是何种情况，都只是游客对实际情形的“舞台猜疑”。在这张二维表中共提出了四种“舞台猜疑”情形。

旅游情形的类型　　表 3-9

		旅游者对景观的印象	
		真实	舞台化
景观本质	真实	（1）真实	（3）真实的否认即舞台猜疑
	舞台化	（2）舞台真实 即隐藏性的旅游空间	（4）人造性 即开放性旅游空间

① 真实（authenticity）：指旅游景观本质的客观真实和旅游者主观认识和印象的真实，这种情形表示景观的本质是真实的，并且也被旅游者接受，是远离旅游热线的外部旅游空间中才能遇到的情形，年轻的、寻求真实性的旅游者热衷于对这种情形的追求。

② 舞台真实（staged authenticity）：指景观本身是虚假的，但由于旅游机构和组织的仿真性包装，游客无法分辨其“舞台化本质”，没有意识到景观系统已经舞台化了，将其作为真实的景观来接受，将其视为“真实的情形”，科恩称作

"隐藏性的旅游空间"。

③ 舞台猜疑（staged suspicion）：指景观本身是真实的，但由于各地舞台化特点的普遍和舞台化趋势的加剧，使游客对原本真实的景观产生怀疑心理，从而把"真实的景观"当成"非真实的东西"，这是第2类"舞台真实情形"的另一个极端。

④ 人造性（contrived）：指景观被旅游供给方公然舞台化，景观本身是人造的，游客也认识到了其中的舞台化性质，科恩把它称作"开放的旅游空间"。

（3）旅游体验真实的类型

旅游体验真实性的类型，主要存在三种观点：客观主义真实性（objective authenticity）——关注旅游客体的真实性；存在主义真实性（existential authenticity）——关注旅游主体体验的真实性；建设性真实（constructive authenticity）或象征性真实（symbolic authenticity）——在注重客体真实的基础上强调主体的差异性（表3-10）。

旅游体验真实性的类型　　表3-10

真实类型	客观性真实	建设性真实（象征性真实）	存在性真实
主要观点	真实性是旅游客体内固有的一个特性，可用一个绝对的标准来衡量。关键概念如"伪事件""舞台真实"等	结构真实性指旅游客体被旅游者或旅游经营者根据他们的想象、期望、爱好、信仰和权利等而改变了的真实性，这种真实性对于同一个旅游客体会有很多种不同的关于真实性的看法。相应的，在旅游过程中的真实经历和旅游客体的真实性是被构建出来的，这种意义上的真实性事实上是一种象征的真实性	真实性与旅游客体的真实与否无关，是替换了的、自由活动激发的存在本真性。强调降低旅游客体的真实性的争议，用以指代旅游者的主观体验
关注对象	旅游客体的绝对真实性	旅游客体的真实性、旅游主体的认知差异	旅游主体的本真体验
局限	观点局限在旅游客体，将真实性的概念简化	难以把握商品化和真实性之间的度	忽视旅游客体，不利于旅游的持续发展
代表人物	马康耐等	科恩等	王宁等

注：根据文献整理。

总体上说旅游体验的真实性可以分为两类问题：旅游者体验的真实性和旅游目的物的真实性[105]。客观主义的"真实性"强调旅游客体的本真性，如果目的地的文化不是原真文化，即使旅游者认为自己所经历的是真实的，也被判断为不真实。对于结构主义的真实性而言，现实不过是人类解释和建构的结果而已，因此是多元的、弹性的，旅游场景中的真实性是观者赋予其上的价值或评价。旅游客体被旅游者体验为真实时，并不是因为它们事实上是真实的，而是因为它们被当作了真实性的符号或象征。旅游真实性是由各种旅游企业、营销代理、导游解说等生产、制造的。结构主义者认为文化是创造的，而不是给定的，文化是一个相对的过程，而不是一件物体，文化的含义随着所处环境的变化而不断变化。客观的真实性和结构的真实性强调的都是客体的真实，即将真实性与对真实世界的体验联系起来，而存在的本真强调的是旅游主体的本真的存在状态，即将真实作为一种感觉，与对本真的自我体验联系起来。游客在寻找本真的旅游体验、经历时，旅游者在某些旅游活动的激发下，借助于旅游活动或旅游客体寻找本真的自我，而不关心旅游客体的真实性。当出于一种本真的状态时，人们感觉自己比日常生活中的自我更加真实、自由，这不是因为他们发现被旅游的客体是真实的，而是因为他们摆脱了日常生活的种种约束，能够参加非同寻常的活动。当游客只关心自己本真的经历时，即是存在的本真性。

（4）体验真实性与乡村旅游

综合分析目前学术界对旅游体验“真实性”的各种不同认识，可以根据各乡村旅游地的实际条件和情况进行相应的旅游地、旅游产品规划和设计，为乡村旅游提供不同类型真实的体验式乡村旅游产品，也可以应用这些理论指导乡村旅游经营和管理。

① 客观性真实：强调客观事物原汁原味的真实性，由此产生的旅游者体验，是对事物原形的认识性体验。不提倡大众旅游带来的旅游体验的同质化和标准化，反对文化的商品化。认为文化的商品化使当地民族对本土文化失去兴趣和信念，使文化本身失去其内涵，文化的真实性将会弱化。在体验式乡村旅游规划开发中，要求我们要保持乡村自然环境景观作为旅游目的物的真实性，更重要的是乡村居民真实的生产生活方式、状态在旅游者到来时也要能尽量保持原状，给旅游者一种真实的体验。这种真实性的规划尤其对那些经历了一定时间的历史文化沉淀，较少受到干扰或者破坏的乡村具有重要意义，如少数民族村寨、古镇、水乡村等。客观上来讲，它们是真实的，对于这些景区，规划开发和经营管理的主要任务是保护好人文和自然环境，人工干扰越少，给乡村游客的体验越真实，避免旅游规划开发中的“城市化”和“特色化”建设。

② 建设性真实（象征性真实）：认为旅游的真实性存在于旅游者或旅游生产商按照他们的想象、期望、偏好、理念等设计的旅游目的物。旅游者要体验“真实”的文化，事实上对具有“真实”标记的事物容易感到满足，相反，如果没有“真实”的标记，则会被旅游者认为是不真实而不值得旅游。旅游者依据他们所处的特殊情境或主观感受，对同一目的物也会有不同的体现真实性的版本，旅游成了一种“真实符号的收集”。在体验式乡村旅游规划与开发中，乡村旅游的规划和开发商按照他们的想象、希望、偏好、理念等塑造出了旅游者能舒适、轻松快乐享受的农事活动和乡村文化活动等体验内容，虽然它们并不是乡村农民生

产、生活的真实，但在旅游者的主观感受和特殊情结的作用下已经感受到了一定程度的真实体验。此时可以说，乡村旅游体验的目的不是真的让旅游者变成农村居民，而是让他们通过有设计的农村生产生活感受一种象征意义上的真实。这种真实性的规划对那些虽然有历史文化积淀，但由于后期人工干扰因素较多的乡村具有很强的指导作用，它们往往可以通过经营者组织构建、社区居民真情参与，达到构建性真实的乡村体验效果。

③ 存在性真实：这种存在的真实性具有两层意思：一是自身真实性（Intra-personal authenticity），包括旅游者的身体感受和自我认同；二是人际真实性（Inter-personal authenticity），指旅游者在旅游过程中通过与其他旅游者交流与分享快乐而获得的真实感受。存在性真实主要是从旅游者的心理感受角度出发，而不关心旅游客体的真实性，认为旅游目的物的真实与否并非十分重要。旅游者并不关注旅游目的物是否真实，他们只是通过这些活动或旅游目的物来寻求真实的自我[106]。在乡村旅游的规划开发中，乡村旅游体验的真实性就是在乡村环境中生活，通过深层次的体验旅游活动激活旅游主体的生命存在状态，旅游项目（活动）可能与真实的农业毫无关系。旅游者只注重对自己的存在状态感受，通过宁静平和的乡村环境和人际关系来寻求真实的自我。

总之，乡村旅游体验过程中“真实性”的体现既要依据客观真实，又要具有动态性。站在旅游者体验的角度，通过对乡村旅游体验主题的设定，对乡村旅游资源“真实符号”的发掘和运用，合理地规划设计各种真实体验类型的乡村旅游产品，达到体验的“真实”。在旅游产业化和商业化的影响下，乡村旅游目的地的政府、旅游经营者与开发商以及社区居民在进行乡村旅游开发时，应在保持乡村传统民俗文化和自然条件的基础上，运用发展的观点，根据乡村旅游者旅游体验真实性多元化的特点，对传统乡村文化等资源进行合理的舞台构建和创新，为传统文化注入新的内涵，实现乡村旅游可持续发展。

3.2.2 社区参与的理论

（1）社区与社区参与

“社区”是社会学的重要概念，也是人类学的传统研究领域。“社区”一词最早是由德国社会学家托尼斯（F.Tennies）于 1887 年提出的[107]。他认为，社区是基于亲族血缘关系而结成的社会联合。在我国，“社区”一词的最先创立是由费孝通等老一辈社会学家于 20 世纪 30 年代根据英语 Community 而对应译出的。20 世纪 50 年代，美国的社区研究达到鼎盛，随后经历了衰落和复兴，但社会学界和人类学界对它的研究从来没有停止过，近年再次成为研究的热点。对于社区的概念，后来学者们由于不同的兴趣、背景、研究角度等而有众多不同的定义。杨庆坤教授（1984）总结发现已有 140 多种社区的定义。有的从社会群体、过程的角度去界定社区，认为社区是具有共同利益和信念的人在共同参与和组织多样性生活的过程中所构成的群体；有的从社会系统、社会功能的角度去界定社区，认为社区是享有共同利益和共同功能的人组成的群体；有的从地理区划（自然的与人文的）的角度去界定社区，认为社区是居住在一定地方的人共同生活、实现自治的共同体，还有的从归属感、认同感及社区参与的角度来界定社区。虽然社区的概念至今无一定论，但是基本上可以归纳为两大类，一类是功能主义观点，认为社区是由有共同目标和共同利害关系的人组成的社会团体，即功能社区；另一类是地域主义观点，认为社区是在一个地区内共同生活的有组织的人群，即地域社区。从本文研究的旅游地域——乡村的角度出发，我们采用了地域主义的社区概念，即社区是聚集在一定地域范围内的社会生活共同体，并且具备以下特征：①具有一定的地域范围；②具有相同的文脉和共同的价值观；③具有相同的生活习惯和风俗；④成员间具有共同的利益。

参与（Participation）是社会学中的一个概念，在词典中意为：参加、参与、分享等，从字面上理解为“加入……里面来”（参加或参与），并从中获得（分享）[108]。关于参与问题，联合国大会在1969年发表了《社会进步与发展宣言》，指出公民参与是社会发展进程中不可或缺的部分。在1971年发表的《广泛参与》和1981年出版的《广泛参与作为一种战略推动社区层面的行动和国家的发展》中对社区参与进行了详尽的描述，体现了社区参与对社区和国家发展的战略意义[109]。对于社区参与的定义，学者们一般从经济角度、政治角度、社会文化角度及社区整体发展角度对其进行阐述。从经济角度，学者们一般将它看作“理性经济人生产和分享公共物品和公共服务的机制”，提出要在经济事务中鼓励和促进社区参与，因为经济发展可以改变政府与社会之间的关系，增加那些监督政府、扩大政治参与的独立组织的数量和类型，以及政府为积累财富而对工作机会的控制。从政治角度，学者们一般抓住“民主”“权力”“公平”几个字眼，对社区参与加以定义。从社会文化角度，人文关怀成为社区参与的主要依据，社区相关群体尤其是社区居民的意愿、社区的发展成为社区参与比较看重的内容；在这里，社区参与不仅仅是政府的规划方案、企业的发展策略，更是社区可持续发展动因下社区居民自愿地、以主人翁的身份管理当地的资源，根据自身的发展需求确定自己发展的道路。此外，大多数学者综合了经济、政治及社会文化的因素，从社区整体发展角度对社区参与加以定义。在这种阐述下，社区尤其是社区居民的权力、义务、发展能力及对发展结果的分享被放在首位，社区参与旨在使政府、企业及非政府组织关注社区居民的决策与发展需求，在满足社区居民愿望和需求的基础上，引导和规范后者的参与机制，从而使社区的整体发展达到最优。社区参与是个全过程的参与，要确保社区从规划决策、项目实施到监督管理整个过程的参与，主要包括信息共享、居民意愿的表达、决策参与、管理参与、利益共享和社区参与能力的构建。学者斯坦文兹（Stevens）按参与程度和水平将社区参与划分为 6 个等级[110]（图 3-9）。

基本权利	知情权	参与表态和建议	参与发言	参与决策	自主管理
在保护区内许可居住和利用资源	当地社区领导或群众参与保护区召集的不定期的会议	当地社区参与组织正式咨询委员会，召开定期会议和研讨会	通过由社区代表参与组成的机构实现对区内资源的管理	当地社区在保护区委员会中占有重要席位共同管理	在无外来干涉的情况下，完全由当地社区管理保护区

图 3-9　社区参与等级
（图片来源：《保护文化遗产：以社区保护和社区参与的方式》）

艾格斯（Eagles）则归纳总结出了社区参与的过程[111]（表 3-11）。

社区参与的过程　　表 3-11

方法	目标	途径	对公众的消息
公共教育	关于作决策的知识	广告、报纸、海报	你希望他们知道并了解
信息反馈	在决策之前听说	重点群体讨论	你希望他们了解并支持你的项目
咨询	听说并参与讨论	社区的讨论会、会议、研讨会	你希望了解并评价他们的观点和建议
参与	对决策做出影响	建议小组	你希望实现他们的大部分意见
合作规划	对决策达成一致意见	咨询、调停、讨论	你要实现他们的大部分意见

注：根据文献整理。

（2）社区参与旅游

具体到旅游领域，“社区参与”是指旅游目的地居民（东道主）对当地发展旅游的态度和行为。指在有条件开展旅游的地区，社区群众全面而有效的参与到旅游活动中来，不仅参与旅游决策和规划，还参与旅游经济活动、旅游地环境保护、旅游地社会文化维护等方面。通过参与，使当地群众既能充分而公平地从旅游发展中获益，也通过参与意识和参与能力的提高使社区群众获得更多的自我发展机会，从而实现旅游以及整个社区的可持续发展[112]。在 1997 年 6 月，世界旅游组织、世界旅游理事会与地球理事会联合发布的《关于旅游业的 21 世纪议程》中明确提出将居民作为关怀对象，并把居民参与当作旅游发展过程中的一项重要内容和不可缺少的环节[113]。

在国外，最早将社区方法系统化地运用在旅游发展中的是学者墨菲（Murphy）。墨菲在 1985 年写成的《旅游：社区方法》（Tourism：a community approach）具有先导意义。他在该书中阐述了旅游业对社区的影响、社区的旅游参与，探讨了如何从社区角度开发和规划旅游。他认为旅游是一个社区产业，是旅游产品的重要成分，该产业把社区作为一种资源，把它当作产品出售，并且在此过程中影响了每个人的生活。他的社区方法强调社区居民参与规划和决策的制定过程，目的在于通过当地居民的参与规划，使当地居民的想法和对旅游的态度反映在规划中，以减少居民对旅游的反感情绪和冲突，以便规划实施[114]。国内学者对社区参与旅游发展的界定主要从介入主体、介入内容、介入方法、介入的原则等角度出发。刘伟华认为，社区参与旅游发展是指把社区作为旅游发展的主体加入到旅游规划、旅游开发等涉及旅游发展重大事宜的决策、执行体系中[115]。黎洁、赵西萍认为，社区参与是指社区居民参与旅游发展决策和参与旅游收益分配两方面内容。社区参与的实质是社区居民试图影响有关的旅游决策过程，使相关政府决策考虑居民利益，并使这一决策结果对当地居民有利[116]。蒋艳认为，社区参与是指社区进入旅游发展的决策、执行体系中，并参与社区利益的分配。广义的社区参与包括社区居民对旅游发展过程的积极、消极、主动、被动的参与。狭义的社区参与仅包括社区居民对于有助于旅游发展方面的参与，是有利的、积极的、主动的，是社区居民出于对本社区的关怀、出于对本区域旅游业的可持续发展而进行的主人似的参与[117]。黄芳认为，社区参与旅游发展的原则是建立利益主体之间的伙伴关系，尊重当地社区的文化和主人翁的地位。社区参与旅游发展思想的核心在于强调旅游发展的目的是人的发展，人是发展过程的主体[118]。

总之，旅游地的规划开发与建设和旅游区域内居民的参与是分不开的：

① 在文化特征上，旅游地居民与旅游者本身具有一定的差异，甚至差异性还较强，旅游地居民（包括当地旅游从业者）本身就是构成旅游吸引力的要素之一，而且，旅游地居民是旅游地传统文化的重要活性载体，失去了旅游地居民的参与，旅游地文化就失去了灵魂；

②“主人”对“客人”的态度本身就影响着“客人”的情绪，旅游目的地居民的态度对于营造一个好客、对旅游者有吸引力的环境是至关重要的。如果旅游目的地居民对旅游持消极态度，会导致：居民对旅游促进主管部门的支持减少；居民不愿意从事旅游业工作；居民对旅游的口碑宣传丧失热情；居民对旅游者表示敌意，以多收费、态度粗野和对游客旅游度假经历漠不关心等方式表现出来；阻碍旅游开发建设。

③ 旅游目的地居民对旅游的态度还关系到旅游资源的保护（自然和文化两方面）与旅游业的可持续发展。当居民直接从旅游发展中获得收益时，其对旅游的积极态度就会增强，从而认识到自然生态以及自身文化特征的价值及其吸引旅游者的重要性。居民积极地参与到旅游业中，才会高度负责地承担起资源保护的职责，形成开发与保护的良性互动。对于影响居民对旅游态度的因素，Samuel V. Lankford 和 Dennis R. Howard 经过测试研究认为，除了当地经济是否从旅游中受益这一因素外，还包括：旅游对当地户外休闲活动的影响；做旅游决策时居民的参与程度；居民与游客接触的程度；居民对当地主要经济的了解程度；居民居住

的年限；居民对旅游的依赖程度；社区的发展速度。由此，“社区参与”主要应体现在：调动居民的参与积极性，使其参与旅游经济决策和实践、旅游规划和实施；充分考虑社区居民的实际利益，在环境保护及社会文化的维护与继承方面使居民参与互动。

最后，“社区参与”对旅游体验的塑造也有着重要意义：首先，“社区参与”是旅游者获得“真实”体验的重要组成部分，旅游目的地居民的文化特征体现本身就是“真实的文化符号”的重要组成部分；并且旅游目的地的居民对旅游的态度也对旅游体验氛围的营造有重要影响。“如果一个地区的文化旅游项目能由当地人来决策和组织，并受到多数当地人的高度评价和积极参与，并且是以真实的文化为基础，与游客共享，那就可以认为这种旅游项目具有真实性”[119]。其次，“社区参与”也关系到旅游体验的可持续性，只有社区居民认识到自身文化特征的独特价值，才会对其自觉保护，从而使旅游吸引力保持持续稳定性。因此，旅游体验的塑造要协调好旅游者与东道主的利益关系，不能只强调以旅游者为中心，旅游地居民对旅游的认识有一个过程，对当地旅游的规划开发要尊重他们的意愿并赋予他们一定的自主权。全面征求并认真听取旅游地居民的意见和建议，在切实保护旅游地居民利益的前提下，对其进行引导，使其认识到发展旅游的重要性和自身文化价值，从而自主参与旅游活动，自发展示区域文化，自觉保护环境生态。

（3）社区参与乡村旅游

体验式乡村旅游的规划、开发过程中，加强社区参与是实现体验式乡村旅游发展的保障，也是乡村游客获得真实性的乡村体验的保障。具体来说，社区参与乡村旅游开发的主要内容包括以下几个方面：

① 参与规模：社区居民参与乡村旅游的开发从规模上可以划分为个别参与、代表参与和大众参与，个别参与是在乡村旅游业发展处于开始阶段，开发乡村旅游产品没有成为社区居民的共同选择；代表参与是在乡村旅游业高速发展阶段，社区居民开始要求获得自己的经济利益和经济地位，开始通过农民集体组织要求自己的权利；大众参与是在乡村旅游发展的成熟阶段，乡村旅游的发展带来的环境社会文化问题凸显，在这一阶段原居民不再以促进就业、增加收入为旅游发展的唯一目标，他们开始意识到乡村旅游发展的种种负面影响，认识到如果不对这些负面影响进行控制，他们未来的发展就要受到制约，因此，他们开始全面、自觉地参与到乡村旅游发展的进程中来。

② 参与内容：社区居民参与乡村旅游的开发从内容上可以划分为象征性参与和实质性参与。象征性参与主要是指在乡村旅游的开发中，政府将开发权利完全交给开发旅游企业和公司，旅游企业通过异地安置、经济补偿等方式将原居民参与权利最小化，旅游企业完全按照自己的开发思路对乡村旅游目的地进行开

发，其短期经济行为不可避免。实质性参与是指原居民通过成立相应的组织，向政府和旅游企业施加压力，要求在乡村旅游目的地的开发过程中对各项事务进行管理，在重大决策中拥有自己的表决权。

③ 参与方式：社区居民参与乡村旅游的开发途径多种多样，包括口头、书面建议、重点群体讨论、社区代表大会，甚至新闻报纸杂志等舆论媒体，通过这些方式居民希望将自己的意见传达给政府、旅游企业，让他们知道自己的想法，同时可以慎重考虑这些观点和建议，最终能够在项目建设上接纳并实现居民的想法。

总之，在乡村旅游业方面，伴随着乡村旅游开发的深入，体验式乡村旅游已经不仅仅是投资主体、经营单位、管理部门的事情，更需要越来越多的当地居民参与其中。乡村旅游目的地的良好形象，不仅依赖于其迷人的乡村景观，还依赖于良好的社区环境、热情友善的民众、淳朴自然的民风、良好的社会治安等，这些不仅是保证乡村旅游顺利进行的重要条件，也是开展乡村体验旅游活动的基础，是乡村独特旅游意象形成的保证。特别是近年来，农家乐、古村落游、民族特色村落游、水乡古镇游、农业观光游等不同层次和类型的体验式乡村旅游的出现和发展，乡村社区参与乡村旅游的比重在不断增加，它已经成为游客体验地道乡村文化的一个旅游方式。此外，乡村社区对乡村旅游的深层次参与也使乡村居民能够更好地享受乡村旅游发展带来的经济利益。总之，乡村旅游业是乡村社区发展的重要工具，乡村旅游活动为社区提供就业、创造工作机会，并为社区提供与游客文化相互交流的过程，进而为社区发展带来经济收益，促进了乡村社区的社会和文化的保护、进步和发展。

3.2.3 体验经济的理论

1970年，著名未来学家阿尔文•托夫勒（Alvin Toffler）在《未来的冲击》（Future Shock）一书中首次提出了“体验经济”的概念，书中预言:“服务业最终还是会超过制造业，体验生产又会超过服务业”这一理念，并指出“服务经济的下一步是走向体验经济，商家将依靠提供这种体验服务取胜”[14]。随后，美国未来学家甘哈曼在其《第四次浪潮》一书中，预测一个特种的服务性经济时代即将诞生，并且指出:“第四次经济活动的主要活动，多多少少是以我们目前视为的休闲活动者为中心”。在1998年，美国战略地平线LLP公司的两位创始人约瑟夫•派恩（B.Joseph Pine）和詹姆斯•吉尔摩（Gilmore J. H.）发表了《欢迎进入体验经济》一文（Welcome to the experience economy）并指出:“继产品和服务经济后，体验式经济时代已经来临”[120]。随后在1999年，他们又合作撰写了《体验经济》（The Experience Economy）一书，对“体验经济”进行了较为系统的阐述。

（1）经济模式的分类

派恩和吉尔摩认为，体验是当一个人达到情绪、体力、智力甚至是精神的某一特定水平时，他意识中所产生的美好感觉；并且当体验展示者的工作消失时，体验的价值却弥留延续。社会经济的发展，是沿着“农业经济（产品经济）—工业经济（商品经济）—服务经济”的过程进化的，体验经济是继农业经济、工业经济、服务经济之后第四个经济发展阶段，体验经济是更高、更新的经济形态。所谓体验经济，是指企业以服务为重心，以商品为素材，为消费者创造出值得回忆的感受的一种经济形态，就是建立在顾客充分参与和体验基础上的经济。其中：

农业经济：在生产行为上是以原料生产为主，消费行为则仅以自给自足为原则。

工业经济：在生产行为上是以商品制造为主，消费行为则强调功能性与效率。

服务经济：在生产行为上强调分工及产品功能，消费行为则以服务为导向。

体验经济：在生产行为上以提升服务为首，并以商品为道具，消费行为则追求感性与情境的诉求，创造值得消费者回忆的活动，并注重与商品的互动。这四个经济发展阶段各有其特点[11]（表 3-12）。

经济形态区分　　　　表 3-12

经济提供物	产　品	商　品	服　务	体　验
经济	农业	工业	服务	体验
经济功能	采掘提炼	制造	传递	舞台
提供物的性质	可替换的	有形的	无形的	难忘的
关键属性	自然的	标准化的	定制的	个性化的
供给方法	大批储存	生产后库存	按需求传递	在一段时间之后披露
卖方	贸易商	制造商	提供者	展示者
买方	市场	用户	客户	客人
需求要素	特点	特色	利益	突出感受

从表中可以看出，体验经济与产品经济、商品经济的区别是很明显的，但是与服务经济的区别却需要进一步辨析。派恩和吉尔摩对服务经济特点的概括是：“服务是根据已知客户的需求来订制的无形的活动。服务人员以商品为依托，为特定的客户服务（如理发和眼科检查），或者为客户特定的财产和物品（如修剪草坪或者维修计算机）服务。”而体验经济的特点则是：“无论什么时候，一旦一个公司有意识地以服务作为舞台，以商品作为道具来使消费者融入其中，这种刚被命名的新产出——‘体验’就出现了。”概言之，服务经济是以商品为依托，以人的活动为内容的经济类型；体验经济则是以服务为依托（以服务为舞台），以商品为道具，通过感觉和记忆使消费者对某种事物或现象留下深刻印象或丰富感受的经济类型。

（2）体验经济模式示例

体验作为一种独特的经济提供物，在从产品、商品、服务、体验的角色转换中不断升值，从而使体验成为一种新的价值源泉，各种体验将成为未来经济增长的基础。以产品咖啡豆为例，通常收获咖啡豆或者在期货市场上买卖咖啡豆的公司所接受的价格大约每磅1美元多一点，这大致换算为5～25美分一杯；如果是在一般性的小餐馆、街头咖啡店或者杂货酒吧里煮咖啡豆，加上这一服务，咖啡就要卖到0.5～1美元一杯了；而如果在一家五星级酒店或者蒸汽加压咖啡店里提供同样的咖啡，顾客会非常乐意接受2～5美元一杯的价格；而如果是在意大利威尼斯的圣马可广场的弗劳里安咖啡店里，顾客则愿意花15美元买一杯咖啡来体验古城清晨清新的空气，体验在旧世界古城壮观的景色和喧闹中啜饮咖啡的感觉。由此可见，体验作为一种新的经济提供物，会给咖啡带来价值的大幅度提升，为消费者提供不同的体验，而不是单纯的销售咖啡（图3-10）。

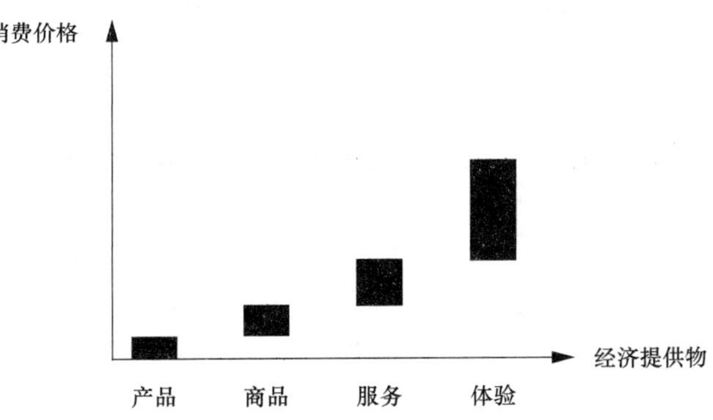

图3-10　经济提供物价格示意（图片来源：作者自绘）

（3）体验经济的类型

一种体验的形成受到多方面条件、因素的影响，其中有两个最主要的因素：①横坐标是指“人的参与程度”，对于消极的参与者，它意味着消费者并不直接影响表演，他经历这件事的方式纯粹是作为观众或听众；而作为积极的参与者，这类消费者能影响这件事进而影响产出的体验，他们积极参与创造了自己的体验。②纵坐标是描述了“联系的类型”，或者说是“环境上的相关性”，它使消费者和事件成为一个整体。“吸收”是指通过使人了解体验的方式来吸引人的注意力；“沉浸”表明消费者成为切实经历的一部分，最后通过这两个方面的组合将体验分成了4种类型[11]（图3-11）。

娱乐（Entertainment）体验，消费者只是通过感觉被动地吸收体验，其参与程度以及与环境的相关性都很小，他与环境的关系是他在吸收环境所创造的体验，只是一个旁观者。听纳西古乐的人，他经历这件事的方式纯粹是作为观众或听众；在家看电视的消费者也是同样，不参加表演，只是作为观众或听众，而且他与环境的关系是他在吸收环境所创造的体验，并未“走入”体验，他只是一个旁观者。教育（Education）体验，消费者不仅吸收体验，而且还在积极参与。提到教育，人们不禁会想到学生和老师，想到严肃的课堂。然而，这里所提到的教育体验完全可以和娱乐体验结合起来，达到“愉悦教育”的目的。这样的教育对学生来说，会更具有吸引力，其内容也更容易被学生所吸收。逃避（Escape）体验，消费者完全沉溺在体验中，同时也是更加积极的参与者，加入到与日常生活环境完全不同的环境当中去。审美（Estheticism）体验，消费者不再满足于吸收体验，而是直接浸入环境，但他并不积极参与。例如在大峡谷的边沿上极目远眺、参观艺术画廊或博物馆等活动。审美体验是传统旅游最主要的体验形式。而最丰富的体验则是包含所有四个领域的每一个部分，即“甜蜜地带”（Sweet Spot）。

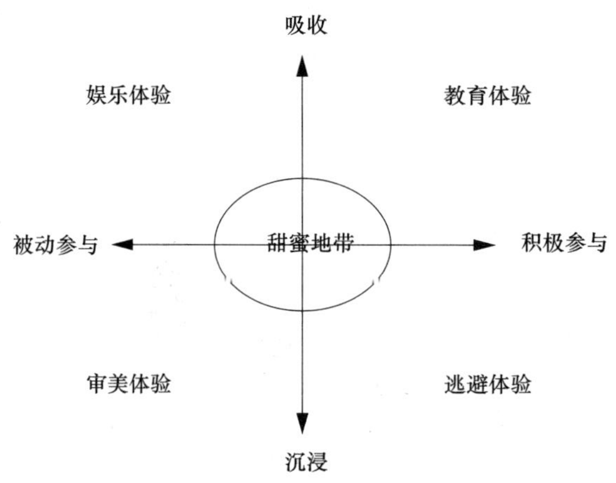

图 3-11　体验的分类（图片来源：《体验经济》）

（4）体验经济的实现

主题是体验的基础，通往成功体验的第一步，其最关键的一步是“定义和设计良好的主题”——将体验主题化。“为一个参与性的故事撰写剧本”使参与者置身其中，提供丰富的、具有压倒力量的体验。并且这个主题应展示产品供给方的特色，有助于旅游者整合自己的体验感受，从而留下深刻印象和长久记忆。如迪士尼公园在建设之初就提出了“人们发现快乐和知识的地方”的体验主题，这个简洁、朴素的主题使公园成为体验式主题公园成功开发运营的经典案例。第二步就是“以正面线索使印象达到和谐”——以正面线索塑造形象。主题是体验的基础，而体验还必须通过深刻印象来实现。所谓印象也就是体验的结果，一系列印象组合起来影响个人的行为并实现主题。顾客评价你的体验感受，通常这样开头:“让我觉得……”或“它像……”，你从而知道他们的印象。通过协调、适当的线索来表现和强化人们对体验的印象，最终这一系列的印象会组合起来影响个人的行为并实现主题的表达。第三步“淘汰负面因素”——去除负面因素。塑造整体印象，只有正面的要素、线索是不够的，作为体验的提供者还要删除那些削弱、抵触、分散主题中心的环节。第四步是“提供合适的纪念品”——提供旅游商品。人们在旅游中购买的纪念品是一种宝贵的个人财富，因为它们是一次难以忘怀的体验的纪念，如果没有适当的纪念品的话，体验可能很快就会被忘掉。并且通过纪念品人们还可以向别人展示自己的体验，讲述自己的体验。最后一步是"重视对顾客的感官刺激"。一种服务项目的感官刺激应该支持和加强服务的主题，该项活动更能有效地刺激感官，在线索的指导下提供各种感官刺激，让体验过程充满更多的记忆和回忆[11]（图 3-12）。

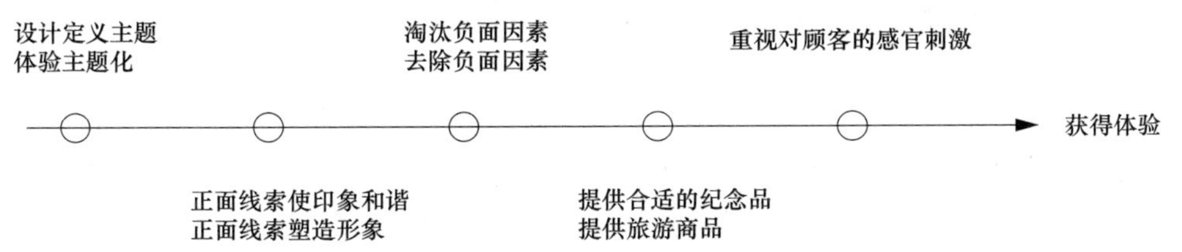

图 3-12　体验经济实现的步骤（图片来源：作者自绘）

（5）体验经济与乡村旅游

旅游业是与生俱来的体验经济，是天然、名副其实的体验经济行业。旅游的本质是体验，旅游本身就是体验的一种主要方式，包含了体验经济的诸多精神要点。有的学者甚至提出"体验旅游"是继观光旅游、休闲旅游之后旅游发展的高级阶段[121]。随着人类从服务经济转向体验经济，旅游者的消费观念和消费方式发生了多方面变化，并使旅游消费者需求的结构、消费内容、价值目标、产品形式发生了显著变化（表 3-13）。

不同经济时代的旅游特点对比　　表 3-13

	传统经济时代	体验经济时代
旅游需求结构	重物质享受和感官刺激，轻情感精神需求	重视情感心理需求
旅游消费内容	大众的组团观光游为主	个性化、特色旅游受欢迎
旅游消费目标	重视旅游产品本色、旅游的结果	强调旅游过程的感受
旅游消费方式	被动接受旅游产品	参与旅游产品的设计和制造

注：根据文献整理。

随着乡村旅游的兴起并逐渐成为时尚，为体验经济在旅游板块的发展提供了新的契机。体验经济的最大特点，是突出人性、更人性化的经济，乡村旅游作为满足人们回归自然和传统、在传统文化中寻求真情实感的一种载体，可以满足体验经济下人们的情感需要，同时体验经济也强调要创造出一种个性化的"体验"，这种体验以消费者为中心、是消费者参与、值得消费者回忆的活动，在这种美好体验的促使下，游客愿意为此付出一定的甚至是额外的费用。在体验经济的背景和体验经济理论的指导下，体验式乡村旅游规划开发应该注重以下几个方面。

① 强化乡村旅游产品的体验设计："体验设计"是指，将消费者的参与融入设计中，是企业把服务作为"舞台"，产品作为"道具"，环境作为"布景"，使消费者在商业活动过程中感受到美好的体验过程，乡村旅游产品的体验设计，应

该从主题提炼、体验线索设计、场景设计、体验氛围营造、活动策划和体验过程等方面入手。其中，主题是体验的基础和灵魂，有诱惑力的主题可以激发旅游消费者对旅游产品的现实感受，主题鲜明的旅游产品能充分调动消费者的感官，使之留下难忘的经历，强化旅游体验；活动是体验的关键，活动是主题实现的载体，没有好的活动项目的支撑，美好的体验只能成为泡影；在主题鲜明，活动丰富的基础上，对乡村旅游产品的场景、氛围等细节加以强化，才能让游客的美好体验成为现实。

② 注重游客的个性化和情感需求：在当今“以人为本”的时代，产品作为道具，应该给予消费者更互动、更独特的体验，以获取充分的人性化的体验价值。而且伴随着物质文明的进步，人们的生活水准和消费需求也在不断升级，消费者情感需求的比重也在逐渐增加。因此，乡村旅游产品必须以消费者的心理特征、生活方式、生活态度和行为模式为基础去从事设计、销售，使旅游产品和服务能引起消费者的遐想和共鸣。

③ 注重游客的参与性、互动性：在体验经济下，乡村旅游产品的开发必须强调游客和旅游企业、游客和原居民、游客和游客的互动，只有这样才能让游客更好地参与到乡村旅游活动中，才能激发游客的积极性和主动性，调整心理状态，增强体验意识，获得更美好的体验。

④ 注重乡村旅游产品的文化内涵：我国农业历史悠久，民族众多，各个地方农业文化和民俗文化存在很大的不同，丰富的文化资源能够为乡村旅游开发提供巨大的潜力，形成独特的吸引力，同时也有利于地方化、特色化的形象塑造，为游客提供一个唯一的、不可复制的、不可取代的美好体验。

⑤ 加强整体意象的塑造，获得游客认同：乡村旅游开发中，要多开发神形兼备的产品，这样才能引发游客在体验过程中的积极反应。乡村旅游产品首先应该是悦耳悦目的，形式上美才能引起人们的注意力，产生亲近感；但仅有形式美又是不够的，美丽事物很多，往往给人以心灵触动的才会让游客留下深刻的印象，因此，乡村旅游产品还要讲求悦心悦意、悦志悦神，这样的体验才会给游客身心两方面的巨大冲击和吸引力。

⑥ 确定乡村旅游体验的类型：要使乡村旅游产品的开发、设计具有更强的市场针对性，开发出符合游客体验需求的乡村旅游产品，应以体验经济的分类理论为基础，将旅游体验的类型分为娱乐体验（游客通过欣赏各类乡村旅游景观，观看各类演出或模仿、参与各种乡村休闲、娱乐活动使自己在工作中造成的紧张情绪得以松弛，从而达到愉悦身心、放松自我的目的）；教育体验（游客以积极参与旅游活动中，身体力行，将身心积极地调动起来获取旅游活动中的信息，满足自身的求知、求新的需求）；审美体验（游客沉溺在自然或者人造的环境与事物当中，产生的一种身临其境的感觉，获得对旅游对象的美的感知）；角色体验（游

客沉浸于一种氛围内，积极地吸收外界给予的信息，并能通过体验的刺激而激发其改变现实中的行为，扮演一种与现实中完全不同的角色，沉浸到一种与日常生活完全不同的环境中去）四大类别。

总之，体验经济理论对体验式乡村旅游的规划、开发具有重要的启示、指导作用。如体验经济的模式特点为我们进行体验式乡村旅游的规划、开发和建设提供一个协调一致的宏观背景，为规划体验式乡村旅游产品指出了应具有的一些共性、关键的特点；对影响体验形成的两个因素（参与程度和体验环境的协调程度）的理解分析，启发我们在进行体验式乡村旅游规划时要尽量为乡村游客提供或者设计创造出具有不同参与程度的旅游产品，规划设计出与体验旅游产品协调一致的体验场景；最后通过对体验式经济实现方法的分析，对实现体验式乡村旅游产品的规划表达具有重要的指导作用。乡村旅游者到乡村旅游的动机不是想到乡村吃自己熟悉的饭菜，看自己熟悉的景观，以自己几十年不变的规律和方式生活；而是想以一种特殊的生活态度来到乡村这个相对陌生的环境，体验自己很少接触的生活内容和生活方式，最终获得身心的愉悦和享受。

4 体验式乡村旅游规划的方法

4.1 体验式乡村旅游规划的技术分析

4.1.1 乡村旅游资源的体验性分析

随着旅游业的迅速发展，旅游者的逐渐成熟，乡村游客需求的多样化、个性化趋势日益明显，传统乡村旅游形式已经逐渐不能满足乡村旅游市场的需要。原有乡村旅游产品的升级换代，新乡村旅游产品的开发都对乡村旅游资源的挖掘、利用、开发提出了更高要求。这就要求我们对乡村旅游资源的内涵和旅游资源的体验内涵有更加深入和清醒的认识，这样才能为体验式乡村旅游产品的开发提供一个良好的资源开发基础。

（1）旅游资源的体验内涵

旅游资源的体验内涵概括起来可以从三个维度考虑。①旅游资源的外在形式，它是为旅游主体提供体验的要素，它们多以实物形态和可见的文化形态存在，是进行旅游体验的载体，可以满足人们浅层、中层的旅游体验的需要；②旅游资源的内在寓意，它包括由旅游资源蕴含的历史、文化、社会、审美等方面的含义以及游客由此而引发的体验联想，是旅游体验的深层、核心内容；③旅游资源的外在形式和其内在寓意间的关联度，它决定了能否使旅游主体形成统一、印象深刻的旅游地体验意象，同时这也在一定程度上决定了旅游资源能否在旅游规划中自然、充分地表达（表 4-1）。

旅游资源体验内涵的层次 **表 4-1**

内涵层次	表现形式	表现内容
第一层次	旅游资源外在形式	可见的各种形态的旅游资源，是旅游体验的载体
第二层次	旅游资源内在寓意	旅游资源蕴含的历史、文化、社会习俗等含义
第三层次	形式和寓意的关联性	旅游地独特的整体意象及旅游产品的表达

（2）乡村旅游资源的概述

旅游资源即旅游吸引物，凡是能够吸引游客，有利于旅游产品开发的资源，无论有形还是无形都可以归入旅游资源之列，它是旅游业赖以发展的物质基础。乡村旅游资源是指在乡村地域范围内能够被利用的景观及景观资源，主要能够对城市居民产生吸引力，并满足其旅游需求的乡村事物、事件、过程、活动、人物、乡村文化、乡村民俗、口头传说、民间艺术等资源，可以归纳为乡村自然旅游资源、乡村人文旅游资源及乡村意象旅游资源三大类。其主要特点有：①乡村旅游资源是一种半自然性质的整体人文生态系统；②乡村旅游资源是地方性的自然与人文资源的集合体；③乡村旅游资源形成以农事和乡村生活为核心的资源内涵体系；④乡村不同于城市的重要之处在于乡村旅游资源承载了延续、展示和体验乡村传统和历史文化的重要内容，是体验乡村地承载的自然、历史和文化的重要载体。乡村旅游资源的数量、类型、品位、地方性组合特征、乡村居民的友善好客、乡村独特的意象氛围等构成了乡村旅游资源的主要特征。依据国家标准《旅游资源分类、调查与评价》（GB/T 18972—2003）的类别体系（主类—亚类—基本类型）对乡村旅游资源进行分析，可以得出乡村旅游资源的分类（表4-2）。

乡村旅游资源分类　　表4-2

主类	亚类	基本类型
乡村自然旅游资源	乡村地文景观	乡村地质、石体、山体、沙石地、岛礁、洞穴等
	乡村水域风光	乡村河流、湖泊、池沼、瀑布、泉水、海面、冰雪等
	乡村生物景观	乡村树林、树丛、野生花境、草原、动物栖息地等
	乡村自然景象	乡村天象、天气、气候等
乡村人文旅游资源	乡村田园景观	传统的水田景观、梯田景观、旱田景观、林地景观、渔业景观、草场景观、现代化农业设施景观等
	乡村建筑景观	乡村聚落布局、乡村传统街区、乡土民居建筑、乡土宗教、礼制建筑、农业新村等
	乡村农事活动	耕作、灌溉、收获、捕鱼、放牧等
	乡村民俗活动	乡村节日、民间赛事、民间集会、农事活动、宗族活动等
	乡村工艺艺术	地方特色旅游产品、地方特色的传统工艺、乡村民间艺术、传说等
	乡村生活景观	乡村的特色饮食、乡村的特色服饰、舒缓的乡村节奏、和谐的人际氛围等
	乡村遗址遗迹	人类活动遗址、历史事件发生地、生产地遗址、军事遗址、商贸遗址等
乡村意象旅游资源	乡村文化意象	古村落文化意象、特色民族村寨意象等
	乡村景观意象	水乡景观意象、山野乡村景观意象、林区乡村景观意象、牧区乡村景观意象、民族村落意象等
	农业新村意象	“新”型农村意象、“生态”农村意象等

乡村自然旅游资源主要包括地文景观资源、水域风光类资源、生物景观类资源和自然景象类资源，它们是乡村旅游资源的基本构成。乡村人文旅游资源是以乡村农耕文明与乡村生活景观为核心的资源体系，主要划分为乡村田园景观、乡

村建筑景观、乡村农事活动、乡村民俗活动、乡村传统工艺艺术、乡村遗迹等。乡村意象是对乡村整体的景观感受，是乡村整体的人文生态系统的有机性、整体性、完整性和和谐性的体现，是感受乡村的地方性和区别于其他乡村文化体系的认知特征，也是旅游资源体系中最难以维护、继承和发展的资源，也是最容易破坏和改变的资源，它们是成功的乡村旅游体验获得的最佳整体概念，如水乡景象意象、林区乡村景观意象、牧区乡村景观意象等。

（3）乡村旅游资源的体验内涵分析

从乡村旅游资源的角度看，我国作为古老的农业大国，几千年的发展，形成了相对成熟的、具有鲜明地方特色的乡村农耕文化，与此相关的乡村价值观念和行为体系更是异彩纷呈，这种旅游资源具有丰富的文化特性和体验内涵；另一方面从乡村旅游的方式来看，慢速的、参与式的旅游方式也为体验旅游资源内涵提供了条件。

① 乡村旅游资源外在形式的体验：乡村以其独特的自然景观、美丽的自然生态环境和独特的村落居住形态，形成了一个异于城市居民日常居家环境的景观世界，它本身就包含着审美体验的要素，为旅游主体提供了进行乡村旅游体验的各种直接的载体。如乡村田园景观、乡村建筑景观、农耕生活景观、乡村饮食文化等，它们是乡村居民集体或个人智慧的外在部分，具有可看、可观的直接体验的特点。乡村的这些物质形态的旅游资源是人们享受体验乡村魅力，感受乡村生活，欣赏乡村景观的重要载体，是人们体验乡村旅游的最直接形式，满足人们对乡村的浅层、中度体验需求。

② 乡村旅游资源内在意蕴的体验：乡村旅游资源中的乡村自然景观资源不仅仅有着外在形式上的美，也有着内在的文化底蕴和社会精神。没有哪一处自然风景是脱离了人文美感的纯自然，是失去了文化依托的“海市蜃楼”。在体验式乡村旅游的规划开发中，如果能有效地将这些风景后所隐藏的人文寓意挖掘出来传递给旅游主体，那么不仅能丰富旅游的内容，更能从深层次上揭示出旅游资源外在形式后面的东西，让主体回味领悟，形成自己对客体独特的印象；而乡村旅游资源中的人文旅游资源，它的魅力更在于其强烈的文化性、独特性和传统性，它反映着我国数千年的传统文化生活观念、生产观念、环境、宗教观念、社会和家庭观念等。既有包含着浓厚文化底蕴的乡村节庆、农作方式、生活习惯、趣闻传说等，也有人们在长期与自然依存形成的独特的乡村建筑、乡村聚落中蕴藏的深厚文化意蕴。这些都为人们提供了极其丰富的体验对象，将这些旅游资源规划表达出来，开发创新出新的旅游产品类型，形成多层次、多方位、参与性强的乡村体验旅游产品，满足人们对“他文化”的中度、深层的体验需求。

③ 乡村旅游资源外在形式和内在寓意的关联体验：这种关联性强调的是乡村所具有的整体氛围和意象，它决定了游客能否在乡村旅游地形成一个完整的乡村

体验印象。乡村意象是乡村在长期历史发展过程中在人们头脑里所形成的“共同的心理图像”，是乡村各种景观和乡村文化意蕴的融合，本身是一种极为重要的无形乡村旅游资源，是表达和维护乡村旅游主题的重要载体，是乡村旅游活动开展的背景。乡村旅游资源的外在形态给人们留下直接体验印象，乡村文化意象蕴含在乡村外在景观意象之中，通过物化的旅游景观表现出来，整体表现为乡村的一种“氛围”。体验式乡村旅游的规划开发必须以乡村意象这种整体氛围为基调，任何旅游活动的规划开发一方面都必须服从和维护乡村意象这个整体；另一方面必须通过各种手段维护和强化这种乡村意象，增强乡村旅游地整体的感染力和吸引力，使乡村游客得到完整、一致、协调的乡村旅游体验。

（4）乡村旅游资源与体验式乡村旅游产品

乡村旅游资源丰富的体验内涵对体验式乡村旅游产品设计的制约和引导并非仅仅体现在自然旅游资源或人文旅游资源某一单独方面，大多数情况下往往是两者交叉、综合作用的结果。但是，各种旅游资源也不是在任何情况下都会发挥同等重要的作用。根据乡村旅游资源对体验式乡村旅游产品不同的引导和决定程度，可以归纳设计出不同类型乡村旅游资源和体验式乡村旅游产品的关系模式（图 4-1）。图中，纵坐标和横坐标分别代表体验式乡村旅游产品的设计对目的地自然、人文乡村旅游资源的依赖程度，箭头所指方向表示依赖程度逐渐提高。

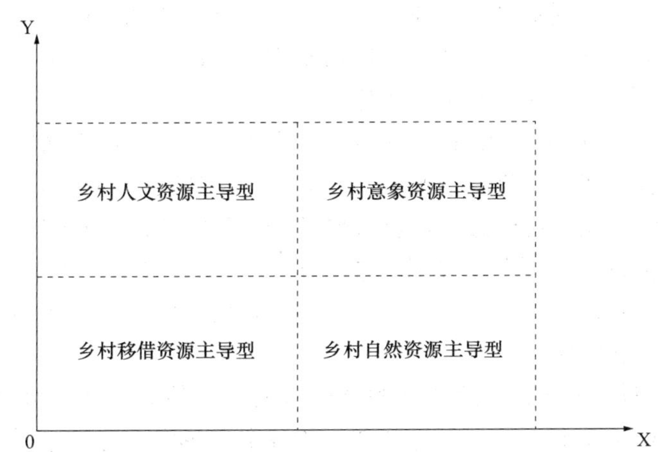

图 4-1 乡村旅游资源与体验式乡村旅游产品开发的关系模式
（图片来源：作者自绘）

① 乡村人文资源主导型：人文资源主导型是指产品设计主要受人文资源因素的影响。这种类型通常适用于以下情况：乡村旅游地域内自然资源特色不突出但乡村旅游地域内的人文资源相对丰富，并且较自然旅游资源更易于转化为旅游产品；乡村旅游地人文资源极其丰富，已经成为众所周知的特色；旅游产品目标

即定位为着重突出人文内涵。同时，在这种以乡村人文旅游资源为旅游产品开发创意主体的情况下，乡村自然环境条件也要充分加以利用，使其作为整个乡村旅游地活动开展的背景，共同使游客获得高质量的乡村旅游体验，如现在乡村旅游的规划开发中日益得到重视的以乡村民俗和乡村节庆等资源为乡村旅游产品主体的乡村旅游地的建设。

② 乡村自然资源主导型：自然资源主导型恰恰与人文资源主导型相反，主要适用于乡村自然旅游资源在转化成产品时相对便于操作、更有利于树立和突出自身特色的情况。同样，在这种以乡村自然旅游资源为旅游产品开发主体的情况下，也要让游客在参与活动的过程中体会到乡村旅游地的文化的意味，这样才更能让他们产生难忘的体验，如现在的乡村旅游地开发规划中以自然林木资源或农业作物资源为旅游产品主体的乡村旅游地的建设，也越来越多地为游客提供各种富于当地文化特色的旅游活动。

③ 乡村意象资源主导型：意象资源主导型下的体验式乡村旅游产品在理论上比前两者以自然或人文旅游资源为主体为旅游者提供的体验空间都广阔，这样的乡村旅游地是规划、开发乡村旅游，提供体验式乡村旅游产品的最佳实施地。在这里，乡村的自然旅游条件和人文旅游条件有机地结合在一起，形成了一个稳定的乡村整体人文生态系统，有利于提出特色突出的体验主题，提供和谐统一的体验式乡村旅游产品，如由张艺谋创意的桂林阳朔“印象•刘三姐”乡村旅游景区，就是将阳朔的自然景观实景与当地的文化传说结合，让观众在白天看到刘三姐山水实景后，晚上可以观赏气势恢宏、场面磅礴的“印象·刘三姐”实景演出，体验到特色鲜明的广西少数民族文化特色。

④ 乡村移借资源主导型：移借资源主导型主要适用于以下情况，乡村旅游地域的自然旅游资源和人文旅游资源均无明显特色，需要借助新创的或者复制、移植的资源设计体验型旅游产品。体验式旅游产品的核心活动不依靠东道主地区本身具有的资源完成，而是把它们作为整个产品的支撑部分。如：《刘老根》的拍摄和播出使得“龙泉山庄”这一乡村的旅游开发模式成为一个让相当多的乡村进行乡村旅游开发的样板。

通过对乡村旅游资源体验内涵的全面分析，具体到体验式乡村旅游地规划时，在区域规划层面上，我们在对区域内的各个乡村旅游地行分析对比后，在规划时相应的采取一致性或差异性的旅游地发展理念，进行旅游地乡村体验主题定位，然后再进行相应的乡村旅游地的规划开发，提供相应的体验式乡村旅游产品；具体到乡村旅游点层面（景区层面），我们可以通过对乡村旅游地资源状况的全面梳理，归纳分析出乡村旅游地资源的特色，作为提炼乡村旅游地体验主题的基础，通过相应文化创意和规划表达，形成体验式乡村旅游产品，把它作为乡村旅游地推向市场的独特吸引物和卖点。

4.1.2　乡村旅游市场的体验化分析

市场供给与需求各自都以对方的存在为自己存在的前提，谁也不能单独存在。供给是需求的基础，离开供给的需求是空想的需求；而需求是供给的目的，离开需求的供给，是盲目的供给。从旅游市场的整体发展趋势看，我国旅游市场的发展已开始进入到成熟化、细分化的阶段，游客对旅游产品的消费需求表现出了越来越强的特色化、个性化、自由化的趋势；乡村旅游的实际发展状况也呈现出了这个趋势、特点。体验式乡村旅游规划提供的体验式乡村旅游产品作为一种新型的乡村旅游产品，它以明确清晰的旅游体验主题为旅游产品、旅游地建设的核心，旅游市场的定位具有更强的、突出的、明确的针对性，以满足旅游市场需要，针对乡村旅游者需求，满足乡村游客需求与乡村旅游产品供给之间的契合关系。因此，对体验式乡村旅游市场的分析定位，除了应用我们通常进行旅游规划时使用的旅游空间组织、竞争等相关理论进行旅游市场整体的层次分析定位外，还要求我们应用旅游心理学中游客的旅游需求、旅游行为、旅游动机等理论对体验式乡村旅游的市场进行更加具有针对性的划分，为相应的体验式乡村旅游产品的规划设计提供依据，开发出适合旅游需求的产品，激起人们的购买欲望、旅游动机，才能将潜在的旅游市场转变为现实的旅游市场。

（1）乡村游客的人口学特征分析

城市居民构成目前我国乡村旅游市场的主要客源，是我国乡村旅游的市场主体。从旅游市场的整体上来看，城市人口的数量、结构、家庭状况及经济条件等的变化趋势，将对乡村旅游产生整体性、长远性和决定性的影响。如：我国改革开放以后，随着城市居民收入水平的显著提高和城市居民的闲暇时间的增多，我国国内的旅游市场迅速发展，城市居民的旅游需求持续旺盛地发展，乡村旅游市场的整体蓬勃发展也在这个城市旅游市场的整体背景下出现；旅游市场的整体状况就反映到每一位游客的人口统计学特征上（表 4-3）。

乡村游客人口统计学特征调查表　　　　**表 4-3**

统计指标	指标属性
您的性别	男　　　女
您是否为城市居民	是　　　否
您的年龄	A. 小于 20 岁　B.21 ～ 30 岁　C.31 ～ 40 岁　D.41 ～ 50 岁　E.51 岁以上
您的职业	A. 机关事业单位工作人员　B. 商业企业从业人员　C. 在读学生 D. 科研及专业技术人员　E. 私营业主　F. 退休人员　G. 其他
您的教育程度	A. 初中及以下　B. 高中、职高或中专　C. 大专　D. 本科　E. 硕士研究生及以上
您的月收入	A. 1500 元以下　B. 1500 ～ 3000 元　C. 3000 ～ 4500 元　D. 4500 ～ 6000 元 E. 6000 元以上
您的家庭所在地	省　　　市（县）

①年龄差异：年龄的差异往往意味着生理和心理状况、收入及购买经验的差别，不同年龄的旅游者会表现出不同的旅游需求、旅游产品的需要，也会有不同的旅游产品消费形式；②性别差异：性别对旅游消费的影响大多产生于传统文化所赋予的性别角色行为，以及不同性别在社会结构中所处的地位和由此带来的就业、收入等方面的差别；③职业与月收入差异：不同职业在很大程度上表征了旅游者的社会地位与收入水平，同时也决定了其个人闲暇时间的多少，决定了其旅游消费能力、对旅游产品的选择；④教育程度：教育背景的不同会使游客对旅游产品层次、内涵的选择有直接的影响，通常具有较高文化教育背景的人更加要求旅游产品的文化性，要求产品的内涵丰富，而不单单是简单的物质需要的满足；⑤地域差异，由于乡村旅游发展具有典型的近程游性质，因此，通常其客源地为附近城市居民，而不同的城市居民天然具有不同的地域文化背景，对旅游产品的需要表现出不同的特性。对这些游客信息的收集与分析是获取乡村旅游市场信息，进行乡村旅游市场具体化，针对性细分的基础，是乡村旅游市场的整体性的分析和把握。

（2）乡村旅游市场划分的概述

通常，根据乡村游客的人口学基本特征的分析，包括他们的年龄、职业、收入水平、受教育程度等人口学特征元素，对乡村市场进行分类，概括各类旅游市场的消费特点（表 4-4）。

乡村旅游市场的分类 **表 4-4**

划分依据	市场分类	旅游消费特点
年龄	青少年市场	热衷项目的探奇性、参与性、习作性等，关注农产品的新奇性
	中年市场	热衷乡村的观光、健身、购物等功能，关注农产品的价格和质量
	银发市场	热衷项目的休闲、度假、文化购物等内容，关注旅游接待服务条件和质量
收入水平	工薪阶层市场	热衷项目的观光、休闲、度假、娱乐性，注重消费实惠性
	白领阶层市场	热衷项目的健身、文化、休闲、猎奇等内容，关注旅游接待质量和农产品质量
	富豪市场	热衷于高层次、高消费的度假、休闲、健身活动，关注旅游产品原真和质量
职业	专业市场	各类农业和旅游业的干部、农业科技人员、专家等，热衷于观光、学习、考察、观摩、科研等内容
	学生市场	热衷于农业知识认知，体验农家生活和农业劳动，接受乡村情感教育，关注各种乡村的娱乐、休闲活动
	离退休市场	热衷乡情体验、购物、度假等内容，关注产品质量
	商务市场	回归自然，热衷于高层次、高消费的休闲、度假，关注旅游产品的高品质

续表

划分依据	市场分类	旅游消费特点
客源地	本地市场	热衷于乡村观光、乡村购物、乡村美食品尝等活动
	外地市场	感受差异文化，热衷于民情、民俗、一般意义上的观光、猎奇和乡村购物活动
其他	专项市场	体验异质文化，展示自我实现，热衷于乡村景观、建筑、民风、民俗等知识的了解、学习

注：根据文献整理。

这种以人口学为特征的旅游市场分类由于具有方法简单、分类划分直观的特点，在进行传统的乡村旅游地规划、建设时得到了大量的应用，作为旅游规划、旅游市场定位的依据，指导相应的乡村旅游地建设，但是由于这种分类法是以游客的人口特征为特点进行的市场分类，它不是从游客旅游体验需求的角度进行研究分析而得到的市场分类，而乡村旅游规划建设，乡村旅游产品的规划开发的根本目的就是为了满足乡村游客的旅游需求。体验式乡村旅游规划提供的体验式乡村旅游产品作为一种新型的乡村旅游产品，它以明确清晰的旅游体验主题为旅游产品、旅游地建设的核心，旅游市场的定位具有更突出、明确的针对性，以满足旅游市场的需要，针对乡村旅游者的需求，提供满足乡村游客需求的乡村旅游产品。因此，对乡村游客的旅游需要进行分析研究，对进行体验式乡村旅游产品的准确分析、定位、开发具有重要的作用和意义。

（3）乡村游客体验消费的分析

① 乡村游客体验需求的分析

对乡村旅游主体的需求方面，近年一些学者已经开始了对相关内容的研究。刘昌雪以皖南古村落的乡村旅游为例，将游客的需求影响因素概括为：增长知识、接触不同的事物、欣赏历史文化景观、摆脱单调乏味的日常生活、休闲放松、缓解工作压力、锻炼身体等 18 个因子 [122]。郎富平以浙江梅家坞茶文化村、龙坞茶村和山沟沟生态村三个乡村旅游地为研究对象，得出游客对乡村旅游地的需求主要为：浏览观赏的需求、休闲度假的需求、逃离都市喧嚣的需求、释放精神压力的需求、体味乡野情趣的需求、感受村民的淳朴生活的需求和增长见识的需求 7 个类别，并且指出乡村游客在乡村旅游过程中对精神和文化内涵的享受需求 [123]。余佳雨以四川省夕佳山旅游区为例，将乡村游客的需要概括为：回归自然的需求、求知求新的需求、怀旧情结的需求、主动参与意识增强的需求、乡村意象的体验需求 5 个类别 [124]。刘聚梅以北京郊区的乡村旅游为实例，从推力、拉力的角度出发，将游客的需求动机概括为：增加与家人团聚的机会、增加与家人的感情、结交朋友、休息和放松、缓解工作压力、有机会增长知识、接触不同的事物、参加户外活动、回归大自然等 23 个因子，并且将这些因子划分为亲情与友情、声望与乐趣、逃离日常规程、增长知识、猎奇与参加活动、交往与健康、欣赏旅游景观 7 个公因子 [125]。陈思屹等人通过对南京和上海的乡村游客进行分析，归纳出：领略乡村田园风光、回归自然、回归历史、欣赏古村落古民居、体育和运动增强体质等 22 个因子 [126]。范文赫以兰州市什川镇乡村旅游为调研实例，将游客的需求概括为：渴望回归自然、更多注重康体娱乐、主动参悟意识增强、了解乡村文化的需求增强、求知的需求 5 个类别，并且以此为基础对游客对乡村旅游产品的期望意向进行了简单的研究 [127]。

由以上学者对游客体验需求因子的分类分析可以看出，大家并没有形成统一的分类标准，学者从各自的研究角度提出了各自的分类指标构成。为了使对游客需求的分析对乡村旅游产品的市场定位、开发具有更强的指导性，本文以乡村旅游资源的内容为研究基础，构建了从旅游体验分类角度的游客需求体验因子分类法。把乡村游客的需求划分为娱乐体验需求、教育体验需求、角色体验需求和审美体验需求 4 个类别，其中包含 15 个需求因子（表 4-5）。在进行具体的乡村旅游地规划、开发建设时，可以根据乡村旅游需求的分类表形成相应的乡村游客体验需求调查问卷，通过对乡村旅游地现实游客和潜在游客进行问卷调查获得旅游地规划、开发建设的游客需求分析数据，根据这些数据最终使旅游地规划设计出具有针对性的乡村旅游产品，满足乡村游客的体验需要。

乡村游客体验需求分类表　　表 4-5

游客体验需求类别	游客体验需求
娱乐体验需求	欣赏乡村田园风景
	欣赏乡村人文景观
	参加乡村体育运动
	参加乡村休闲活动
	参与务农活动
	品尝乡村风味饮食
教育体验需求	了解乡村曲艺文化
	了解乡村风土人情
	了解乡村农、林、牧、渔知识
角色体验需求	融入农家真实生产、生活
	参与乡村文化节庆活动
	参与乡村工艺、艺术品制作
审美体验需求	获得乡村田园景观意象
	获得传统乡村的文化意象
	获得现代新村的意象

② 乡村游客体验消费方式的选择

旅游体验消费方式是旅游产品实现其价值的重要保证，它决定了游客以何种方式参加、完成整个旅游体验过程，也是游客能否实现其旅游体验需求的保证。体验式乡村旅游产品不同于传统的乡村旅游产品，它伴随日益成熟的乡村游客对旅游产品个性化、参与化、自由化的消费需求趋势出现，并且在旅游体验化发展的大趋势下，乡村游客在旅游消费过程中不满足于传统或大众旅游时代的团体式的、定制式的“一走一看”的旅游方式，游客要求对旅游地自然、文化有更多、更深的接触和理解。因此，表现在乡村游客体验消费方式上，也应当表现不同于传统乡村旅游产品消费的趋势和特点。针对体验式乡村旅游产品的旅游消费方式，本研究分析归纳了旅行社组织、单位组织、亲戚朋友结伴、同学结伴、家庭出游、个人出游 6 个主要的类型，根据这些分类对现实和潜在的乡村游客进行问卷调查分析，掌握游客的主要消费方式可以对我们进行体验式乡村旅游产品规划设计提供游客消费方式方面的支撑。

（4）乡村游客体验需求与体验式乡村旅游产品

确定了乡村游客体验需求后，就可以针对游客需求规划设计相应的体验式乡村旅游产品，满足旅游市场的需要。同时，由于各个乡村旅游地的具体的旅游条件不同，对于体验式乡村旅游产品设计可以是乡村自然资源主导型、乡村旅游人文资源主导型、乡村意象资源主导型或者乡村移借资源主导型（图 4-1）4 种体验产品类型：

① 娱乐体验式乡村旅游产品：娱乐是人们最早使用的愉悦身心的方法之一，也是最主要的旅游体验之一。娱乐体验式乡村旅游产品就是要提供给游客欣赏各种乡村旅游景观，观看各类演出或模仿、参与各种休闲娱乐活动，品尝乡村特色食物等旅游活动内容，使自己在生活、工作中造成的紧张情绪得以松弛，从而达到愉悦身心、放松自我的目的。例如以涉及农、林资源内容为主开展的娱乐活动，游客通过欣赏、模仿等方式来体验活动内容，其中娱乐体验渗透在游客体验的整个过程中。

② 角色体验式乡村旅游产品：角色体验是使人沉浸于一种氛围内，积极地吸收外界给予的信息，并能通过体验的刺激而激发其改变现实中的行为，扮演一种与现实中自身完全不同的角色，沉浸到一种与日常生活完全不同的环境中去。同时，角色体验是积极的体验，暂时的逃避是为了能以更积极的姿态重新投入生活。角色体验式乡村旅游产品就是创造让游客以旅游模仿、旅游交流等体验方式融入到乡村真实的生产、生活中去活动，这些活动可以是乡村原居民的日常生活，可以是乡村的传统节庆活动，也可以是参与乡村特色工艺产品的制作活动，使游客在淳朴乡村氛围中放松自我，把自己从紧张状态中解脱出来，从而获得舒畅和愉悦，找到摆脱束缚和压力后的真实自我。

③ 教育体验式乡村旅游产品：教育体验应该是积极愉快的体验，而不是简单枯燥的体验，游客积极参与旅游活动中，身体力行，将身心积极地调动起来获取旅游活动中的信息，满足自身的求知、求新的需求。教育体验式乡村旅游产品，就是创造让游客以欣赏、模仿、游戏等旅游体验方式参与的乡村旅游活动，这些活动可以是让游客了解学习乡村旅游农、林、牧、渔业知识的活动，可以是学习了解乡村风土人情、乡村曲艺文化的活动等，让游客在旅游过程中学习知识、提升自我。可以说，教育体验式乡村旅游活动是一种很好的教育方式，尤其是对在城市环境中长大的孩子。

④ 审美体验式乡村旅游产品：审美体验指游客沉溺在自然或者人造的环境与事物当中，产生的一种身临其境的感觉，获得对旅游对象美的感知。因此，通过环境场景化，提供给人“自由自在”的气氛，并使其能够沉溺于其中，是形成“审美体验”的主要途径。审美体验式乡村旅游产品就是利用乡村保留的原始而优美的自然环境和人文景观，真实淳朴的乡村生产氛围让游客欣赏和体会乡村社会的人文、生态景观的乡村旅游活动。在旅游过程中，乡村游客通过各种感官刺激（触觉刺激、视觉刺激甚至味觉刺激等），沉溺于乡村的声、色、形等各种乡村环境因素中，最终获得对乡村审美的意象体验。

通过上面对体验式乡村旅游市场的分析，结合对旅游地体验式旅游资源在区域层面和景区层面的分析，就可以对乡村旅游地开展体验式乡村旅游的主题内容进行筛选和确定，相应的进行体验式乡村旅游的规划开发，以提供适应市场需求、满足游客需要、具有地方特色的乡村旅游产品。

4.1.3 乡村旅游体验主题的确立

“主题”这个术语在我国是20世纪初由外国的文论中引进来的，是德语Theme意译。Theme最初是音乐术语，指的是主旋律，它表现一个完整的音乐思想，是乐曲的核心。后来，主题被移植到文艺创作和文章的写作中来，成为具有核心意义的专门术语。在《现代汉语词典》中，“主题”的含义是指文学、艺术作品中所表现的中心思想，是作品思想内容的核心。它不是赤裸裸的抽象思想，而是与具体的题材和艺术形象的特殊性是密不可分地结合在一起的，并随着作品的完成而最终完成的。

正如一部优秀的文艺作品一样，旅游地的规划、开发也必须要创造一个鲜明、独特的主题，从旅游资源的分析、筛选，旅游市场的分析、调研，旅游产品的设计与供给、旅游环境气氛的营造等都必须紧密地围绕主题、烘托主题，从而形成特色鲜明、个性突出的旅游整体。旅游主题，简单地说就是根据旅游资源的主要特点、旅游市场需要等特征进行深刻分析、发掘出的可以统领旅游地发展内涵的核心理念，是在旅游区规划建设和旅游者的旅游活动过程中被不断地展示和体现出来的一种理念或价值观念，是突出旅游目的地的个性、强化吸引力与加深游客记忆的基本要求，每一个旅游地都应具有其特色的表现主题。这样才能在“白热化”的旅游市场竞争中脱颖而出，立于不败之地，才能解决我国旅游经过大发展时期后所暴露出来的问题：如研究不足，选址不当，缺乏新意，题材雷同，缺乏市场调研，缺乏对产品的周密规划、设计、开发，规划设计与经营管理脱轨，规划设计时硬件与软件投入不当，经营模式单一，资本程度低，文化挖掘不够深刻、内容不够协调、主题不够集中、意境不够隽永等。

（1）乡村旅游体验主题确立的原则

① 真实性的原则：社会学和文化人类学研究的成果表明，现代人旅游的目的在很大程度上是一个求“真”的过程，在此过程中享受到的由真实而带来的精神的愉悦和满足。按照人类学的研究，这里所指的“真实性”包括后台社区文化——即指原始的、存在于乡村的原生态文化的真实性和前台表演文化的真实性。无论是后台社区文化的真实性或者前台表演文化的真实性，开发能够成功的都是因其有可靠真实的文化背景、真实的环境和真实的生活体验氛围，迎合了现代旅游者的求“真”需要的结果，因此乡村旅游主题的定位、确立必须表达乡村文化的真实性。

② 资源依托原则：乡村旅游地推出的体验主题必须以乡村本身拥有的自然旅游资源、人文旅游资源条件等为基础，注意对外显和潜在的乡村旅游资源的挖掘，这样才能够让游客体验到丰富、真实的乡村体验。要反对为了单纯追逐经济利益、迎合游客的猎奇心理而忽视乡村旅游资源的“伪地方文化”和过度的乡村地方文化“舞台化”的倾向，要将游客的旅游活动融入到乡村生活中，为游客提供一个真实、自然的乡村体验。

③ 市场导向原则：一个主题在确立前，应以市场调查、市场细分和市场定位作为基础。根据主导客源市场的乡村旅游体验需求，突现个性、特色，避免与周边邻近地区旅游目的地雷同，即要做到差异性。在激烈的市场竞争中，只有差异才可能赢得市场生存和发展的机会。在这种市场导向下，我们可以了解乡村旅游游客需要何种体验，如何领悟体验，在满足现实游客的需要的同时，注意对潜在游客的需求与期望的考虑；但主题的选取也不能一味地迎合市场，确立乡村旅游的体验主题也应是积极、健康、非庸俗的。

④ 文化性的原则：旅游主题的挖掘与提炼必须突出文化性，主题内容应具备一定的文化内涵。乡村旅游者到乡村旅游本质上是为了寻找、感受、领悟城市与乡村文化差异的过程。为了保证、满足不同层次、类型乡村游客对乡村旅游体验的需求，乡村旅游主题的确立，一要考虑文化深度，能够把文化的内涵和表面的东西相结合；旅游主题还要有文化广度，要有足够的内容可供挖掘，有丰富的表现形式进行体验产品的设计。

⑤ 实现性的原则：乡村旅游主题的概念不能过于抽象，要有具体化、现实化

到旅游地空间、表达成相应旅游项目（产品）的潜力。它不是纯粹虚无的概念，在给游客提供进行乡村旅游地体验的线索（口号）的同时，对乡村旅游地空间布局、活动的规划安排进行具体的控制和指导，把乡村旅游资源所涵盖的体验文化内涵充分地展示出来，使游客有更多的选择、更好的机会享受乡村旅游地的产品。此外，旅游主题在具有可实现性的同时，还应具有一定的创新性和适度的超前性。

⑥ 发展性的原则：乡村旅游市场发展、旅游市场的需求处于一个动态的变化当中，相应地要求乡村旅游的主题具有灵活发展的能力，使主题指导下的旅游产品的开发具有后续性和可拓展的空间，使主题成为新产品开发创意的源泉。同时，也由于旅游市场构成的多元性，要求旅游主题也要具有发展的层次性，能够根据不同的目标市场的体验需求特点，进行多主题、子主题的旅游产品的规划开发，使不同类型的游客都尽可能体验到自己喜欢的内容。

（2）乡村旅游体验主题确定的方法

乡村旅游体验主题的确定，可以有许多种方法。乡村地方文脉的挖掘、乡村旅游资源的分析、旅游市场的选择，都是主题选择必须要重点考虑的。同时，旅游主题的确定要兼顾地方政府、实际从事旅游工作的企业业主、专家学者的意见以及当地社区居民的想法等。概括起来可以应用以下几种方法（表 4-6）。

旅游体验主题确定的方法　　　　表 4-6

方法类型	操作内容
文脉分析法	文脉的广义上的含义（地脉和史脉）：地域的地质、地貌、气候、土壤、水文等自然环境特征，又包括当地的历史、社会、经济、文化等人文地理特征，作为主题确定的背景资料
社区参与法	社区参与就是广泛发动旅游目的地的各个阶层的参与，包括地方政府、旅游企业、旅游地居民以及各种相关的民间组织等，也就是各个利益相关群体的参加，征求他们对旅游主题确定的意见
德尔菲法	针对专家组的意见而言，由规划编制方主持，由地方旅游专家和国内知名旅游专家组成专家组，请他们根据对某一旅游地的了解认识，以及自己的综合知识，进行该地旅游主题的选择和定位，最后进行比较分析确定主题
头脑风暴法	这是规划编制方在综合考虑了各方面意见之后，规划组成员内部讨论确定时可以采用的方法。具体方法是：召集来自不同专业的专家（前提是他们都对某旅游地非常了解且实地考察过）开会，主持者就某一旅游地的旅游发展方向、发展主题鼓励和启发大家提方案，会后组织专门人员整理记录，寻找创造性意见，获得结论

注：根据文献整理。

① 文脉分析法：这里的文脉是广义上的含义，包含了地脉和史脉。具体来讲，既包括一定地域的地质、地貌、气候、土壤、水文等自然环境特征，又包括当地的历史、社会、经济、文化等人文地理特征，因而是一种综合性的、地域性的自

然地理基础、历史文化传统和社会心理积淀的四维空间组合。对于乡村旅游目的地而言，旅游主题的选取，离不开对当地文化积淀、自然环境、历史沿革等方面的分析。主题的选择要尽量考虑与本地文脉的延续，与本地自然环境的和谐，并富于新意。

② 社区参与法：社区参与就是广泛发动旅游目的地的各个阶层参加，包括地方政府、旅游企业、旅游地居民以及各种相关的民间组织等，也就是各个利益相关群体的参加。早在20世纪80年代中期，以墨菲（Murphy）为代表的学者开始提倡旅游规划中的社区公民参与。他们把这种观念叫作“社区法”或“社区驱动法”。他们认为，如果旅游规划能够从纯商业性的开发方法转向一个更加开放的、以社区为导向的方法，把旅游视为当地的一种资源，那么旅游业将会产生更大的社会和经济利益。这一方法的实质是让当地社区（各个阶层包括当地政府官员、居民、建筑师、开发商、生意人、规划师）参与旅游规划的过程和重大决策的制定，管理好旅游这一资源，使旅游业为整个社区世世代代带来好处，成为旅游业发展的目标和评价旅游业的标准。表现在乡村旅游主题的确定上，要考虑当地村民的意见，他们世世代代生活在这片土地，对该土地的开发更有发言权，在相应地进行旅游地规划、开发和旅游主题确定时更加应当征求他们的意见。

③ 德尔菲法：这是针对专家组的意见而言的。具体实施时，就是由规划编制方出面主持，由地方旅游专家和国内知名旅游专家组成专家组，请他们根据对某一乡村旅游地的了解认识，以及自己的综合知识，进行该地旅游主题的选择和定位。专家们在背靠背、互不通气的情况下阐述个人对问题的看法，做出书面回答；把回收到的专家意见进行定量统计归纳；之后，将统计归纳的结果反馈给专家们，每个专家根据结果再行修订和发表意见，送交组织者手中。经过3～4轮的反馈过程，取得比较集中的意见。

④ 头脑风暴法：这是规划编制方在综合考虑各方面意见之后，规划组成员内部讨论确定时可以采用的方法。头脑风暴法是定义一个问题、概念以及与主题相关的任何事情的行动，它从不忽视来自任何微弱声音中的建议。所有的主意都将被记录下来。具体方法是：召集来自不同专业的专家（如旅游经济学家、生态学家、景观设计师、历史学家等，前提是他们都对某旅游地非常了解，并且实地考察过）6～10人开会，主持者就某一旅游地的旅游发展方向、发展主题鼓励和启发大家提方案，会上不引导争论，主持人也不发表自己的意见，引导大家完善他人的意见和标新立异；会议时间为20～60分钟，对个人也实行限时发言，对各种意见进行记录。集体讨论结束后，马上检查记录结果和开始对各种回应进行评价。会后组织专门人员整理记录，寻找创造性意见，并获得结论。这种方法使参加会议的人互相启发、互相影响、互相刺激，产生连锁反应，诱发创造性设想。这种方法简单易行，对任何一个旅游规划项目而言，都是必需的。在旅游规

划过程中，都是经过了多次反复的讨论之后，才确定总体旅游发展主题方向和战略思路。

（3）乡村旅游体验主题确立的途径

成功的体验主题关键在于发现什么是真正令人瞩目的和动人心魄的，创意好的主题有五大标准：①具有诱惑力的主题必须调整人们的现实感受，从做、学、逗留和存在等方面创造不同于平常日子的现实，产生感觉的中心，是成功的主题。②通过影响人们对空间、时间和事物的体验，彻底改变人们对现实的感觉。③富有魄力的主题是集空间、时间和事务与相互协调的现实整体。④多景点布局可以深化主题。最后，主题必须与提出体验的目的相协调，设计要素和体验事件统一风格，主题应该强烈地吸引游客。另外，好的主题一定是简洁动人的。简洁突出的主题是营造环境、营造气氛、聚焦游客注意力，使游客在某一方面得到强烈的印象、深刻的感受的有效手段。

总体上来说，旅游主题必须把握当代旅游者的旅游动机和内心需求，进行清晰的市场定位分析，这是旅游主题确定的重要科学依据和技术前提；同时，旅游主题的产生更离不开对旅游地资源独特性的分析，旅游资源中的自然、文化资源都是旅游主题确立、创意的基础和源泉。此外，旅游地文脉的挖掘、旅游地其他旅游景区（点）分析、旅游发展的基础条件、地方政府、旅游业主、专家学者的意见和当地社区居民的想法等都是确定旅游主题时要重点考虑的问题，以保证主题项目的可操作性和利益的均衡性，保证主题开发的可持续发展。最后，主题的选择是灵活多样的，在主体资源不变的情况下，旅游目的地可以根据市场形势的变化，进行主题创新，并在动态中把握并引导旅游需求，这些一同构成了确立旅游主题需要分析和考虑的问题（图 4-2）。

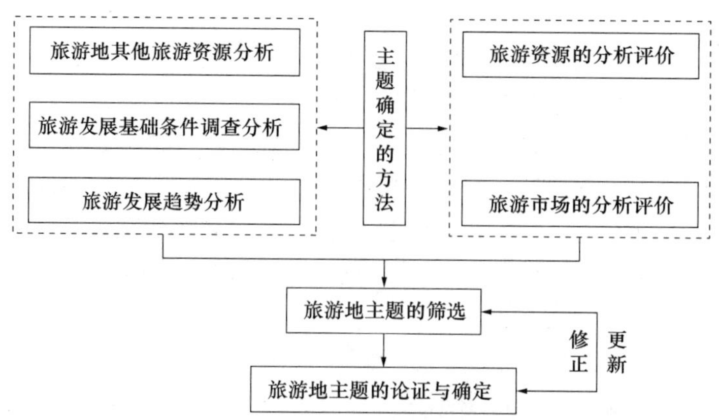

图 4-2　旅游主题的确定（图片来源：作者自绘）

我们在进行乡村旅游体验主题的确定时，首先就要认识到乡村旅游地资源是旅游主题的基础、来源（图 4-3），同时结合乡村旅游客源市场的需求，以及当地的地脉、文脉的分析，创意出富有乡土性、真实性，具有感召力和实践性的主题来吸引游客，提供相应的乡村体验旅游产品。如乡村旅游体验主题可以有：生活体验之旅、生产仿真之旅、农事教育之旅、生态示范之旅、民俗娱乐之旅等；如也可以提倡“乡村文化搭台，体验经济唱戏”，从而提炼出“当一天农家人”“作一回隐居者”“我爱古民居”“绿色的邀请”“回到蹉跎岁月”“旅游上山下乡”等主题。作为以乡村体验为核心的体验式乡村旅游规划，必须围绕资源和市场提炼出相应的主题，来统领乡村旅游的整个规划开发过程，使乡村旅游产品的开发“形散神不散”“万变不离其宗”，最终使游客获得统一的、独特的、高品质的乡村旅游体验。

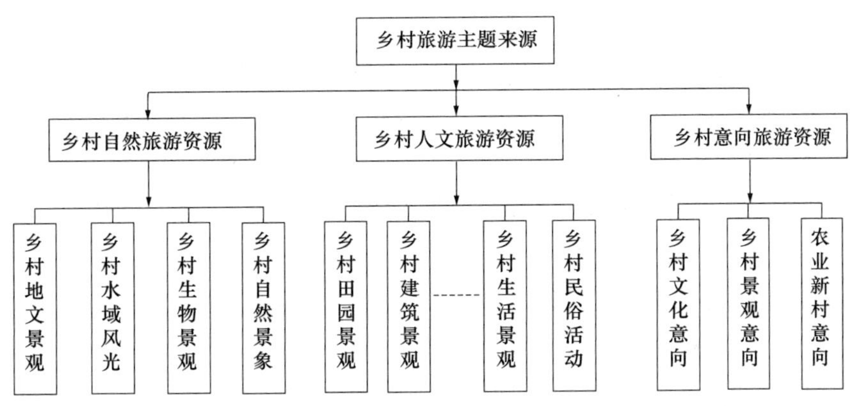

图 4-3　乡村旅游体验主题的来源（图片来源：作者自绘）

4.2　体验式乡村旅游规划的布局分区

4.2.1　区域层面的体验式乡村旅游布局

体验式乡村旅游的规划是以“旅游体验”为切入点的乡村旅游规划新思路。在区域层面上，它是区域乡村旅游的发展规划；其中区域层面的体验式乡村旅游布局是区域乡村旅游发展规划的主体核心内容。区域中大量的乡村、乡村旅游地、乡村旅游资源分布在不同的空间位置上，区域层面上的体验式乡村旅游布局就是通过对某一区域内的乡村旅游资源进行详细的调查和体验性分析，结合对乡村旅游市场的体验消费需要的分析，提出相应旅游体验主题，对区域乡村旅游的发展进行总体分区布局，安排优先发展的乡村旅游地或乡村旅游主题活动的过程。它是对区域体验式乡村旅游布局的整体控制，最终是为了促进区域内乡村旅游的协调、健康发展。布局的模式依据不同区域内资源的集聚程度和分布特点，可以选择线性的“带”状的布局模式，也可以选择面性的“团”状的布局模式，或者是二者混合的综合布局模式。确定了区域体验式乡村旅游的发展布局后，应用旅游空间组织理论、旅游区空间竞争理论和文化创意理论等对优先发展的乡村旅游地或旅游主题活动进行选点和具体景区的规划，促进区域体验式乡村旅游由点到线、面，最终形成网络的阶段性、协调性的乡村旅游地的空间发展布局（图 4-4）。

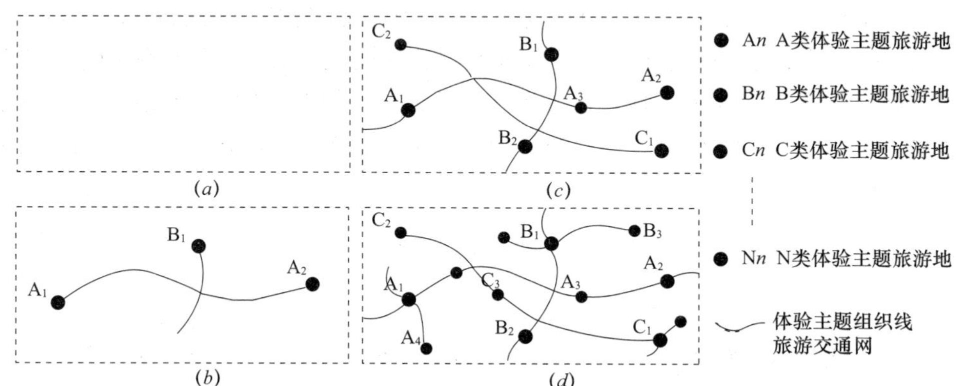

图 4-4　区域层面的体验式乡村旅游布局实现过程（图片来源：作者自绘）

4.2.2　景区层面的体验式乡村旅游分区

（1）乡村旅游地的用地类型

在景区层面上，具体到乡村旅游地，理解乡村旅游地的用地类型，可以合理利用乡村土地资源，充分协调旅游区旅游景点、旅游吸引物和乡村环境的关系，满足旅游项目规划开发的需要，使乡村旅游地的规划更加科学合理，减少规划对乡村旅游地的自然生态、生活人文环境的破坏，利于乡村旅游的健康发展。在乡村旅游地的体验式规划中，对乡村旅游用地的分类和划分更具有重要的作用，尤其是在整个乡村旅游地体验氛围形成及旅游氛围与旅游体验活动（内容）的协调一致上，只有旅游活动或项目与其发生展开的背景氛围相一致时，游客才能获得完好、真实的乡村旅游体验。根据王云才的理论我们可以将乡村旅游地的土地按旅游功能需要划分为三类[6]（表 4-7）。

乡村旅游地的用地分类　　表 4-7

用地类型	用地内容
直接为游客服务的用地	游览景观和娱乐设施用地：自然、农业、人文景观游览用地；休憩设施用地；文化旅游设施用地；娱乐、体育旅游活动用地等
	旅游接待、服务设施用地：餐饮、商业设施用地；宾馆、别墅、度假区用地；游客接待中心用地等
公用基础设施用地	交通用地；给水、排水设施用地；污水、污物处理用地；电力、电信设施用地等
间接为游客服务的用地	旅游管理办公设施用地；农村社区居住用地；农、林、牧、渔用地等

第一类用地类型为游客提供游览、娱乐设施和接待服务用地。这类用地实际上是旅游区旅游项目建设用地，是用地性质改变最大的一类用地，是承载乡村游客旅游消费主要的区域。①旅游区游览景观和娱乐设施用地。自然、人文景观游览用地；休憩设施用地，包括亭廊、公共厕所用地等；文化旅游设施用地，包括博物馆、游戏场等；娱乐活动、健身体验旅游设施用地；旅游区绿化、环境美化用地。②旅游服务设施用地。餐饮点、商业网点用地；旅店、饭店、接待中心、接待点用地。

第二类用地类型为旅游地基础设施建设用地，基础设施用地是公共用地，并不仅仅服务于乡村旅游业，而是服务于整个乡村，改进乡村旅游地的基础设施，完善基础设施功能，同时也提升了乡村人居环境条件。第二类用地是对乡村旅游中第一类用地的保障，为乡村旅游活动的顺利开展提供保障。①交通用地。旅游区内部交通路线和游览道路用地；旅游区内景点间连接交通用地；交通设施用地，包括停车场等。②基础设施用地。给水、排水设施用地；污水、污物处理场用地；电力、电信设施用地。

第三类用地类型为旅游管理办公用地、社区居民居住用地及相关工农产业用地。此类是乡村旅游地的附属用地、乡村旅游区内的社区居民居住、生产和生活用地，可以既服务于当地社区居民又服务于乡村旅游区内游客的直接和间接需求。①旅游管理办公用地。各级旅游管理部门办公用地和环保、防火、安全机构用地。②居住用地。居民居住用地；居民居住地公用建设用地。③旅游相关产业用地。旅游相关产业用地及农林特色加工工业用地。

（2）功能视角下的分区

正如动植物是由细胞组成的一样，一个大的乡村旅游地就是由若干功能地块和许多功能单元组成的有机体，在体验式乡村旅游地的开发建设过程中，各个功能区相互配合、互相协调，逐步发展完善，最终为游客提供一个合格、完美的乡村旅游地。很多成熟的、出色的乡村旅游地，从开始建设到初具规模再到形成气候，都会经历多年的建设。借鉴传统的旅游地功能分区理念，可以引入、构建乡村旅游地的以下几种分区模式。

①“服务社区——吸引物集聚体”的分区模式：这个分区模式的理论基础来自于冈恩（CA Gunn）提出的“旅游地功能分区”（TDZ-Tourism Destination Zoning）理论。在这个理论中，冈恩认为旅游度假区就是2类功能组团（功能分区）和线状连接通道构成的，一类组团是服务社区、二类组团是吸引物集聚体，二者之间通过道路连接系统贯穿起来，整个旅游度假区与外界的连通是通过服务社区作为枢纽实现的。服务社区一般规划在旅游度假区对外交通最便捷的地方，通常在旅游度假区的入口处。对于吸引物集聚体的规划设计，冈恩提出了“3段式概念”（Tripartite Concept），主张规划设计旅游景点时，应将该景点及其周围环境分成核心圈、中间地带以及外围地带3段来规划。核心圈是该旅游吸引物所

在的地方。在核心圈的外围，必须设立不受破坏的中间地带，以便保护核心圈；中间地带的设计与维护也会影响到旅游吸引物的吸引力，其设计以能依托旅游吸引物为主，而不能喧宾夺主。外围地带是具有围墙功能的地带，是外界接近旅游吸引物的通道。根据这个理论可以把乡村旅游地分为两类功能组团（功能分区），这两类功能组团间通过旅游道路系统进行连接。其中一类组团是乡村旅游服务社区，包括接待、餐饮等内容；另一类组团是乡村旅游吸引物集聚体，这个吸引物集聚体可以是一个地理概念，包含在这个地理区域内提供的各种乡村旅游体验产品。二者之间通过道路系统贯穿起来，整个乡村旅游地与外界的连通是通过乡村服务社区作为枢纽实现的。我们通常把乡村旅游地的服务社区规划在乡村旅游地对外交通最便捷的地方，常常设在乡村旅游地的入口处（图 4-5）。这种分区模式在进行体验式乡村旅游规划时可以选择使用，例如进行水乡古镇类乡村旅游地或者位于已有风景名胜区边缘的乡村旅游地的体验式规划时。乡村旅游地的服务设施规划布置在旅游区的入口处，在这里提供给乡村游客全面的旅游服务，而乡村旅游地的旅游体验吸引物位于乡村中或者为其依托的风景名胜区。

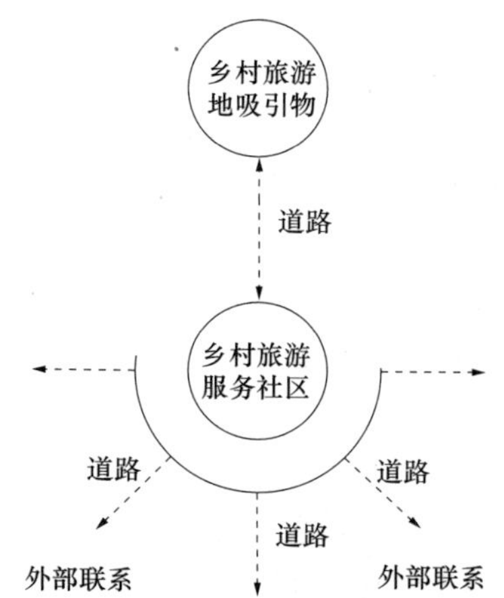

图 4-5 “服务社区——吸引物集聚体”分区模式示意图
（图片来源：作者自绘）

②“服务社区中心式”的分区模式：这个分区模式的理论基础来源于沃尔布林德（Wolbrind）在制订夏威夷室外娱乐综合规划时提出的“娱乐同心圆”（RC—Recreation Concentric）的理论。在这个理论中，沃尔布林德旅游度假区中心布置了 1 个服务中心，在服务中心的外围地带布置吸引物组团，服务中心与外围吸引物之间通过连接通道连接，并且指出这种布局方式适合山地避暑型旅游度假区或温泉疗养型旅游度假区。根据这种理论，可以在乡村旅游地的内部或其中心位置设置一个旅游服务中心，设置乡村旅游地的相关接待服务设施和机构，在旅游服务中心的外围地带根据乡村旅游资源条件规划布置各种类型的旅游体验吸

引物以及规划提供各种主题的旅游体验活动。服务中心与旅游体验吸引物之间通过旅游连接通道连接（图4-6）。这种分区模式在进行体验式乡村旅游规划时可以选择使用。例如许多渐进式开发的民俗村，可以结合村中原有的乡村行政管理机构设置旅游地服务中心，然后在这中心四周结合乡村的旅游资源条件规划布置各类乡村旅游体验吸引物，服务中心和吸引物间通过道路系统联系支撑。

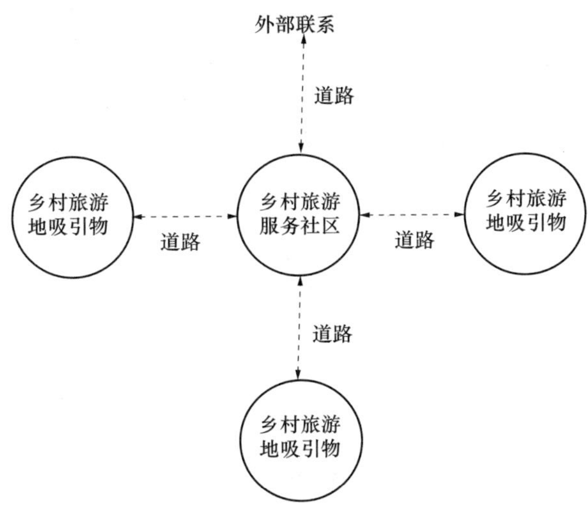

图4-6 “服务社区中心式”分区模式示意图（图片来源：作者自绘）

③“吸引物中心式”的分区模式：这一分区模式的理论基础来源于美籍景观设计师傅思特（R. Forster）在1973年针对国家公园规划提出的“同心圆”的理论，即核心保护区、游憩缓冲区和密集游憩区模式。根据这个理论，我们把乡村旅游地功能分区同样分成两大类功能组团；其中旅游核心吸引物位于乡村旅游地的中心位置，在这个位置上布置各类乡村旅游体验吸引物或各种乡村旅游体验活动；而把乡村旅游服务社区整体规划布置在核心吸引物的外围地带（图4-7），且各类服务功能设施的布置随着对乡村场地的开发强度和影响的增加向外围分布，两个功能区之间通过旅游交通系统相连。这种分区模式在进行体验式乡村旅游规划时可以选择使用。在进行一些依托某种自然旅游资源形成的乡村旅游地体验式规划时具有很强的指导作用，如乡村围绕大型水体或风景区（山体），在进行乡村旅游地的体验式规划时就可以采取这种分区模式，依据核心吸引物，在外围进行相应的乡村旅游地服务设施的环绕式规划建设。

④“双服务社区中心式”的分区模式：这一分区模式的理论基础来源于特拉威斯（Travis）在1974年提出的“双核原则”（Twin Principles）的理论。在这个理论中，特拉威斯提出了两个服务核的概念，就是将服务功能区分成游憩中心区，商务中心区两个组团，游憩中心区介入商务中心区与吸引物组团之间，更接

近吸引物组团或直接布置在吸引物组团的外围边界。在这种理论指导下，乡村旅游地布局模式在一定程度可以是“服务社区——吸引物集聚体”分区模式的延续和发展；即同样将乡村旅游地分成两大类的独立的功能区，一类是乡村旅游地服务区组团，另一类是乡村旅游吸引物组团，只是将乡村服务区组团又分成两类来分开规划布局（图 4-8）。这种分区模式在进行体验式乡村旅游规划时可以选择使用。例如指导规划位于河滨、湖滨、海滨，或者位于其他类型的风景名胜区边缘的大型的体验式乡村旅游地的规划开发；也可以指导依托城镇的乡村旅游地和与城镇近似一体的乡村旅游地的体验式规划；最终形成旅游吸引物组团沿着旅游地一侧布局，而另一侧布置旅游服务区，两部分间通过旅游交通系统连接。

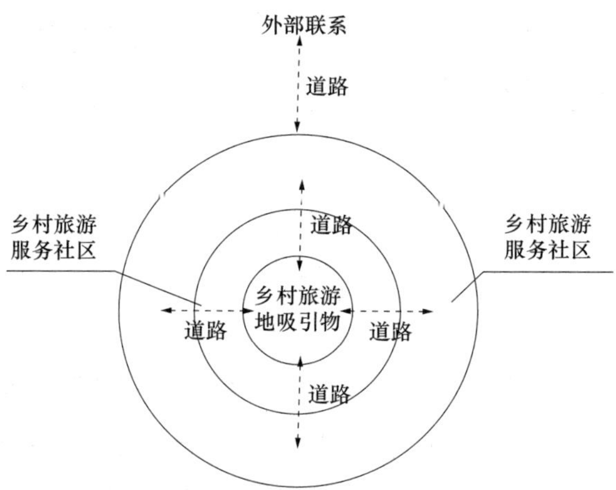

图 4-7　“吸引物中心式”分区模式示意图（图片来源：作者自绘）

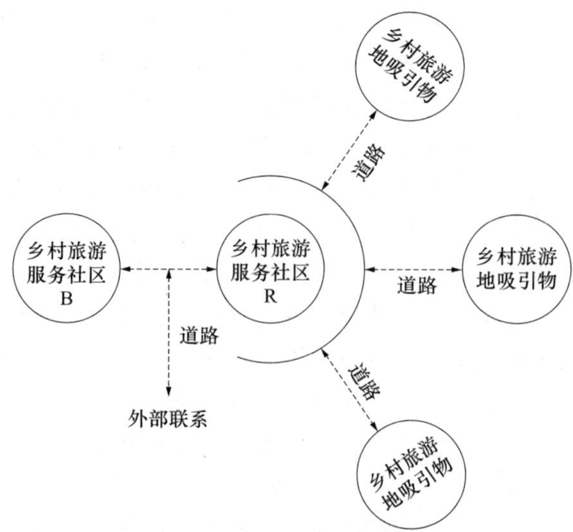

图 4-8　“双服务社区中心式”分区模式示意图（图片来源：作者自绘）

（3）文化视角下的分区

在游客来到乡村旅游地进行旅游消费的过程中，游客和旅游地社区居民的全面接触、交流是使游客获得旅游体验的重要保证，也是乡村旅游过程的重要内容和形式。旅游地社区居民（“主人”）和游客（“客人”）之间的开放式的接触是游客进行乡村体验的背景和氛围，主人和客人间所代表的文化差异也是乡村旅游具有吸引力的一个重要来源。如何在乡村旅游的发展建设中一方面保证乡村旅游地各个功能要素的实现，另一方面保护好乡村旅游地的文化特色，使乡村旅游地功能要素的规划建设和乡村旅游地的文化条件、文化氛围协调一致，这对游客获得地道、真实的乡村旅游体验，对乡村旅游地的持续发展具有重要的意义。对乡村旅游地的文化进行研究，从乡村旅游地中存在的各种文化和各种文化相互作用的实际情况出发，从乡村文化视角的角度进行乡村旅游分区规划的研究是进行体验式乡村旅游地规划时应当考虑的一个重要问题。

通常我们将旅游地所在的地理区域称为旅游文化域，将旅游地文化分为旅游地元文化、旅游地现代文化和旅游地外来文化三种[128]（表 4-8）。元文化，即是旅游客体（旅游资源）文化，是吸引旅游者前来游玩的旅游地文化。这里的元文化不仅包括人文旅游资源所体现出来的文化，同时也包括自然旅游资源所体现出来的“自然”文化。旅游地元文化是旅游活动、旅游产品、旅游项目规划实现的资源，是游客体验旅游地文化特色的内容，是旅游地各项旅游内容、旅游活动发生的主要区域。在乡村旅游地中，元文化区是乡村旅游吸引物集中的区域，以乡村旅游地的各种类型的旅游资源体现和表达出来，其中乡村旅游地的村民和村民的日常生产、生活和传统习俗等是乡村旅游地元文化的重要承载体和表现形式，也是游客进行乡村体验旅游的主要内容。

现代文化，即旅游介体文化，主要指现代文明，是与传统文化相对应的一切文化现象。包括在旅游地中的以现代文化为景观主体资源的区域，也包括在旅游活动中满足旅游者生活需求的各种现代设施和现代文化氛围，以及旅游开发运营商运用的各种现代经营措施及经营理念。具体到乡村旅游中，有乡村旅游地中现代农业、设施农业、现代林业等景观区域，及现代化的乡村旅游地接待、服务设施等。

外来文化，即旅游主体文化，是指旅游者身上带有的客源地的一切文化，其中客源地旅游文化传统占有很重要的位置。旅游者是客源地文化的载体，旅游者进入旅游地进行旅游活动的同时也把客源地的文化带入了当地。在旅游地中，“旅游集散中心”“旅游接待中心”“旅游服务点”等是外来文化表现区域，同时，承载外来文化的旅游者的文化态度对其在旅游地的影响和表现有着很大影响，如对当地文化的理解尊重或者是对自身文化的炫耀等。在乡村旅游地中，外来文化会对乡村的元文化造成很大的影响，这对乡村旅游地文化延续乡村旅游地特有氛围、乡村旅游地的持续健康发展，具有重要的影响，这些要在进行乡村旅游的体验式规划分区时加以考虑。

旅游地文化分类 表 4-8

旅游地文化类别	旅游地文化内容	旅游地文化表现形式
元文化	吸引旅游者前来游玩的旅游地文化，是被旅游者认可的旅游地资源文化，是旅游地的客体（资源）文化	旅游元文化景区（点）及其旅游活动、旅游项目、旅游氛围等
现代文化	指与传统文化相对应的一切文化现象，是旅游的支持系统所表现出来的一种文化，是一种旅游介体文化	旅游现代文化景区（点）、旅游地管理区域及其管理、宣传等
外来文化	旅游者身上承载的客源地文化，是一种旅游主体（游客）文化	旅游地的服务区域，如旅游接待中心等

在旅游地的这三类文化中，每种文化都有其存在和影响的势力范围，这个范围随着各个文化距其中心的距离的增加而减弱。旅游地内的元文化、现代文化和外来文化在其各自拥有的文化势力范围内同时存在、相互影响，共同决定、形成旅游地的文化分区格局，编织成一张三种文化的势力网，影响甚至规范着旅游地内其他要素的分配和布置（图 4-9）。

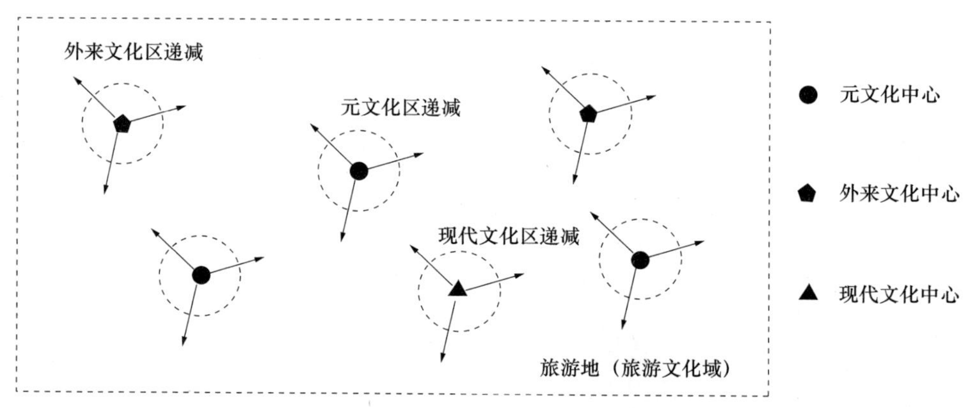

图 4-9 旅游地文化类型示意图（图片来源：作者自绘）

我们进行旅游地空间布局，就要通过分析和划分旅游地各类文化的势力范围，在这个划分的基础上进行旅游项目选址、旅游项目的文化定位和旅游景点体验氛围确定，也即是进行旅游项目的规划布局。在乡村旅游地的体验式功能分区规划中，我们先通过对乡村旅游地资源、文化的分析，以乡村旅游地元文化、乡村旅游地现代文化及乡村旅游地外来文化为类别，确定出乡村旅游地这三种文化相应的区域分布、控制范围（图 4-10），确定出乡村旅游地文化视角下的分区图，在此基础上进行乡村旅游地后续的旅游项目、旅游活动的规划。

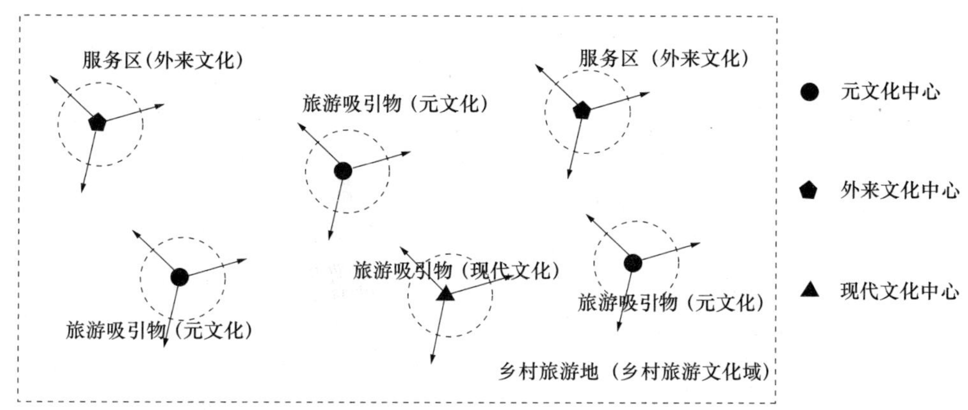

图 4-10 乡村旅游地文化分区示意图(图片来源:作者自绘)

(4)体验式乡村旅游规划分区的实现

正如伟大的土地利用、规划生态思想的先驱麦克哈格所说:“对土地必须了解,然后才能去很好地使用它、管理它”。麦克哈格提出要规划的任何一个地方都是历史的、物质的和生物的发展过程的综合,任何合理的土地利用,不论是景园、风景区建设,还是新社区开发都是从研究陆地及其自然过程开始,即首先获得规划区内有关土地的各种信息,也称生态细目或生态决定因素。麦克哈格认为一个完整的细目会告诉设计者场地将有何种压力,建筑应位于何处,应该在何处设置娱乐设施等。其中生态细目可以包括两部分,即物质因素和非物质因素。物质因素是指资源、景观的结构和资源、景观的功能;非物质因素是场地内或与场地有关的社会、文化、经济因素等。著名景观建筑师西蒙兹在麦克哈格的基础上概括了规划涉及的生态决定因素。主要包括自然地理因素(地质、水文、气候、生物因素),地形地貌因素(土地构造、自然因素、人为因素),以及文化因素(社会、政治法律和经济因素)三大方面。并且在规划中依据规划目标的不同,对某些因素有所侧重和选择。对此,麦克哈格提出了“地图叠加”这一土地规划利用、分区的方法。这种方法的基本步骤为:

① 确定规划目标及规划中所涉及的因子;

② 调查每个因子在区域中的分布状况(即建立生态目标)并根据对其目标(即某种特定的用地)的适宜性进行分级,然后用不同的深浅颜色将各个因子的适宜性分级分别绘在不同的单要素地图上;

③ 将各个单因子要素进行叠加得到复合图;

④ 分析复合图,并由此制定土地规划利用的规划方案。

麦克哈格与其同事在纽约斯塔腾岛的土地利用规划中,用地图叠加法分析了斯塔腾岛对自然保护、消极游憩、积极游憩、住宅开发、商业及工业开发等五种土地利用的适宜情况,得到自然保护图、消极和积极游憩图及土地利用图,再将它们叠加，而得到保护—游憩城市化适宜度综合图，这成为制定规划方案重要的基础资料。

传统的乡村旅游土地利用规划、功能分区的一个主要特征是偏重于从功能、经济观点出发进行土地规划和分区，缺乏考虑对旅游地远期的乡村文化生态、社会关系网络等文化视角的考虑。而旅游地文化环境这一内容对游客进行乡村旅游体验时具有重要的意义，它是游客选择到乡村进行旅游的一个重要原因，也是其他乡村旅游活动或产品得到开展的社会人文背景，是获得乡村旅游体验的一个氛围。任何场地都是历史、物质和生物过程的综合体。它们通过地质历史、气候、动植物，甚至场地生存的人类暗示了人类利用的机会和限制。因此，场地都存在某种土地利用的固有适宜性。“场地就是因子”，将乡村旅游地的各种文化因子背景与旅游地景点和活动建设协调一致进行规划建设，才能为游客提供地道的乡村旅游体验。将“地图叠加”法引入到体验式乡村旅游地规划分区中，将传统的以功能分区主导得出的旅游地分区图与人文视角主导的分区方法所得到的乡村旅游地文化分区图相叠加，最终分析确定体验式乡村旅游地的规划分区图（图 4-11）。

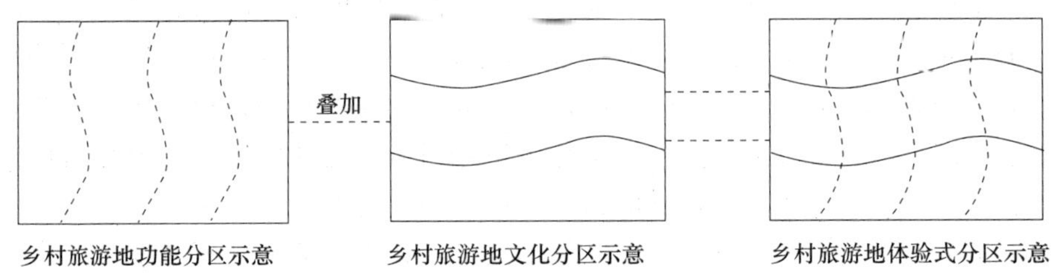

图 4-11　体验式乡村旅游地分区实现示意（图片来源：作者自绘）

在完成了相应的体验式乡村旅游地规划分区后，就可以相应的进行乡村旅游各个景点的旅游项目（活动）的选址。如果一个乡村旅游地景点中设置的旅游项目（活动）的各种文化因素不符合相应的文化氛围，游客得不到真实性的旅游体验，旅游项目的开发往往是失败的。在这里，我们把旅游项目的布局分为三种不同类型：

① 乡村元文化依托型：乡村元文化依托型旅游项目（活动），是指脱胎于乡村元文化的旅游项目、旅游活动，利用元文化对旅游者独特的吸引力对其进行文化创意、开发，这种旅游项目（活动）的布局宜选择在乡村元文化区域里，形成旅游项目（活动）与旅游环境氛围的呼应，给游客提供真实、地道的乡村旅游体验，这种类型的乡村旅游产品是各个体验式乡村旅游地规划开发的主导产品，也是乡村旅游地特色的体现。

② 乡村现代文化依托型：乡村现代文化依托型的旅游项目（活动）是指一些与乡村中现代文明息息相关的旅游项目、旅游活动，这类项目（活动）的选址一般选择在乡村现代文化的分布区内，它们多是乡村现代农业、林业、园艺等产业的现代加工、生产等过程的展示，以及依托这些资源所开展的现代化的旅游节

庆等活动。这些旅游活动项目的特色相对较弱，主要是对乡村旅游提供一种类型的教育体验产品。

③ 乡村外来文化依托型：乡村外来文化依托型旅游项目（活动）是指那些针对乡村不同的外来文化中心配置类似的项目或活动区，以丰富外来文化旅游区的内容，这类旅游项目（活动）选址一般选择在乡村外来文化的腹地内。典型的以桂林阳朔乡村旅游地的西街为代表，小家碧玉型的各建筑内容纳着酒吧、饭店、工艺品书画店等功能，装修风格大多中西合璧，工艺品书画店、饭店、酒吧的服务员、普通居民以至于街上卖水果的老太太，都能讲一口流利的英语，这就给西街染上了一抹异域色彩。游览阳朔西街是一种独特的体验——浓浓的乡村氛围中流淌着纯正的小资情调，朴素的民风里包容着令人惊讶的国际元素，多种外来文化因素被融合在长度不足1000米的岭南小街里。

总之，在体验式乡村旅游地规划开发中，根据乡村资源文化的不同分布以相应的体验主题，从而划分为不同的旅游景点，使乡村的各种文化保持其相应的影响势力范围，使相应的乡村旅游项目（活动）的设置与所在区域的文化氛围相适应，使游客能够获得真实的乡村体验，使乡村文化在乡村旅游的开发中得到保护性的开发利用。

4.3 体验式乡村旅游产品的设计

确定了乡村旅游的体验主题，完成了对乡村旅游地的分区，就需要一系列的主题旅游产品来演绎、表达旅游体验的主题。体验式乡村旅游产品的设计过程包括：设定体验主题活动情节、布置体验主题场景、塑造体验的氛围，最后游客在主题体验线索指引下，完成对整个乡村旅游地的游览体验过程，获得难忘的身心体验。通常乡村体验旅游主题产品的设计表达，是以与乡村体验景区（点）对应的一个或一组乡村体验主题为指导，使各种旅游产品、旅游项目围绕其展开，从而形成一个能充分体现主题体验概念的集食、住、行、游、购、娱为一体的乡村旅游产品。这个体验旅游产品的内容组成，主要包括主题体验游览线路设计、主题体验旅游活动的策划、主题体验景区（点）设计三大部分内容，最终使游客获得完整的乡村旅游体验（图4-12）。

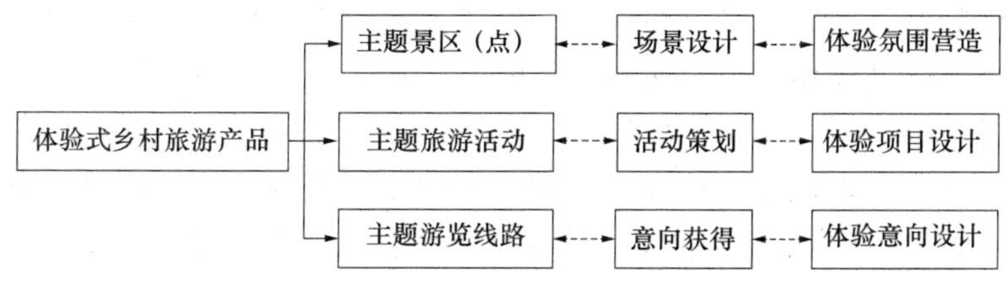

图4-12 体验式乡村旅游产品规划的内容（图片来源：作者自绘）

同时，各个乡村旅游地由于自然、文化等旅游资源条件不同，旅游资源的体验内涵的表现存在层次的差别，乡村旅游产品具有不同的特征。

① 区域上的地方性：乡村是承载我国丰富的地方传统文化的载体，是自然、文化历史发生、发展和延续的重要场所，是我国不同自然、地理和人文条件下地域文化的综合体。乡村旅游即是以这种具有区域性和差异性文化为依托的旅游产品，在乡村旅游地中，区域性和地方性的特色越明显、越典型，乡村旅游就越有吸引力和魅力，从而成为代表一种地域或乡村文化的重要的旅游产品。

② 内容上的原真性：所谓“真”，是指原汁原味，具有地方特色和“乡村性”的旅游产品。这些乡村旅游产品一方面具有美学特征，传递着大自然的奥秘及人与自然和谐的信息；另一方面乡村旅游资源具有丰富的文化内涵，有反映人与自然的依存和延续、形态独特的乡村聚落；有反映我国数千年的传统文化、宗教理念、社会组织形式和家庭关系、古朴典雅的乡村建筑；有深厚文化底蕴的乡村节庆、农作方式、生活习惯、趣闻传说。将这种文化内涵挖掘出来，深层次、多方位开发设计适销对路、具有地方特色的体验式乡村旅游产品，才能增加乡村旅游产品的吸引力。

③ 形式上的多样性：乡村旅游环境与乡村景观的意境是长久持续的，但乡村旅游产品却是多样的。只有多样性才能丰富乡村旅游活动，满足多样的乡村旅游体验需求，增强乡村旅游的生命力和吸引力。如旅游产品的设计表达就存在着静态旅游产品和动态、参与旅游产品的区别；另一方面由于旅游体验存在着不同的层次，旅游产品最终的设计表达可分为表层体验旅游产品、中层体验旅游产品和深层体验旅游产品，这些类型的旅游产品在乡村旅游地共同构成了其丰富的旅游体验活动的内容。

总之，一次乡村体验旅游就是向游客讲述一个完整的故事，故事有情节，有发生发展的时间脉络，有人物情绪发生发展的矛盾起伏，更有一个统领故事内涵的思想主线（主题线索）；因此，体验式乡村旅游产品的规划设计者像一位剧作家，创作一出以乡村地方文化为基调，以客观景区为舞台背景，以游客为主角，体验主题鲜明、情节活动精彩、布景氛围鲜活、角色生动、演出到位的多幕戏剧。

4.3.1 乡村旅游场景设计——体验氛围营造

乡村体验主题场景的设计布置，是为了打造承载乡村旅游地不同主题旅游活动的情境空间，是直接影响乡村游客体验的因素之一。要充分利用现有的乡村体验旅游资源搭建体验的场景（“舞台”），为乡村游客营造一个体验的真实氛围和真实背景。其主要表现在不同体验主题景区的设计表现上，是体验主题深化的重要步骤和表达，是对旅游活动发生提供场景支持，让旅游者真正领略景区（点）的相应体验主题。

（1）旅游场景设计的原则

在进行乡村体验旅游场景设计时，首先要重视对乡村游客多种感觉的刺激，给旅游者视觉、听觉、嗅觉、味觉和触觉的全方位冲击，使他们在城乡差异化的场景体验中留下难忘的印象；其次是营造乡村景区（点）场景整体氛围，把游客导向场景的主题体验，这种整体的氛围的形成不但要处理乡村物质的环境要素，而且要有乡村社会软性要素的配合；最后是注意场景的细节处理，使各种场景要素成为表达主题的正面积极因素，尽量杜绝负面因素对乡村体验场景的影响。

（2）旅游场景实现的手段

一个体验式乡村旅游地的主题通常要从多方面去诠释，可以以不同的功能分区、子主题从不同的角度来表现、强化、丰满主题，相应地也就有不同的体验旅游活动在相应的分区中展开，旅游场景的设计就要为不同景区的、不同旅游活动提供背景、营造氛围，使各个主题得到完美的表达，游客得到完美的乡村体验。

① 主题化的场景展示：一个完整的乡村旅游地具有不同的功能、空间分区，相应的具有不同的表现主题，承载不同的旅游体验活动内容，在进行乡村旅游地不同的功能空间的场景的设计时，都要相应的遵循其空间的体验主题概念进行相应场景设计，为相应的旅游活动的开展提供一个演出的背景，使景区（点）的物质环境、空间氛围都与旅游活动的表现内容、形式相协调，使主题在具体场景中与旅游活动互动，使旅游者置身富有戏剧性的、真实的故事情节之中。如在徽州古村落中开展的“当一回徽州人”体验主题，可以设置古民居、古学堂、农活场所和民众演示场等不同的子主题空间场景。为了使此空间中的活动具有真实的吸引力、体验性，对每一个活动场景都要进行精心的场景设计和氛围包装。如在古民居饮食场景设计上，首先要展示古徽州饮食文化特色，不仅在环境布置上要讲究体现传统的特色，而且在服务中也要展示其特有的民俗事项等，最终表达一个完整的主题场景。

② 非日常空间的创造：为了使乡村游客在景区的不同主题场景中能够全身心地投入到旅游体验活动中，就要使各个景区的场景景象、氛围明显的不同于游客日常生活空间，这样才能使游客能够抛开日常的紧张工作、生活状态，进入一个（或一系列）乡村体验旅游活动中，进入一个自我放松的空间。如在乡村旅游地景区中的田园风光场景中，游客能够欣赏体验到春天麦苗给大地带来的绿色、金灿灿的油菜花带来的春的色彩，夏季茂盛的荷花和稻田，秋季成熟、丰收的谷穗等景象；在农耕景观区中，把农耕生活形态的一些典型景象提纯集萃，源于生活而又高于生活地再现于景区场景中，如麦场、荷塘、水车、石碾、牛背横笛等元素都是农耕场景形象的点缀，加上农事活动的插秧、拾穗、割稻、灌园、牧牛

羊、饲鸡兔的展示，更可以让游客参与其中场景，积极体验。

③ 场景景观的细节化：针对景区的不同体验场景而言，布景不仅仅是对资源禀赋的再加工，更意味着依据主题对场景中各种环境背景元素的细节部分进行统一风格的设计和布局。虽然它们可能是极小的要素，但都需要经过系统的、周密的思考设计，才能一点点加深游客各方面的体验印象，形成整体一致的氛围，从而形成最终的完整经历。因此，场景景观设计是个系统工程，是继确定了主题和故事情节后，景区规划设计和表达旅游活动的一个重要内容。如在体验式乡村旅游中，针对“我爱古民居”的乡村体验主题，可以对表现主题内容的古民居景观、古学堂景观、古祠堂景观等进行精心的布置，尽量保持原貌风格，即使进行相应的建设也要遵循“修旧如旧”的手法，防止不真实、不协调元素对场景氛围的破坏。

4.3.2 乡村旅游活动策划——体验项目设计

主题是体验的基础，而乡村旅游体验还必须通过发生在乡村旅游地不同景区的不同体验场景下的旅游活动来实现。它包括对各个能体现主题的活动项目（内容、形式、主旨、前后顺序安排和时间长短）的策划，最终为游客提供由不同的体验主题控制下的旅游活动所形成的整个体验过程。

（1）旅游活动策划的原则

进行体验式乡村旅游活动策划时，首先要围绕体验主题进行设计，强化正面因素，淘汰负面因素，使游客对乡村旅游活动形成一致、和谐的印象；其次乡村体验旅游活动的情节设计要多样化，不同的旅游项目，要具有不同的表现形式和特色，保持乡村游客体验过程的积极性；再次乡村旅游活动的策划要有依据，内容上要依据地方具有的乡村旅游资源的真实性，通过过程上、时间上或者内容上的内在联系安排旅游活动发生、发展过程，保持游客体验的连贯性；最后，旅游活动的内容、形式必须具有广泛的参与性，使游客全身心地投入到乡村旅游体验活动的过程中。

（2）旅游活动实现的手段

乡村旅游地在确定了旅游体验主题以后，就要结合乡村旅游地及旅游地各个分区中不同的资源现状条件，进行旅游项目（活动）的定点、定时、策划和安排，寻找能够表达体验主题的物质载体形式，为乡村游客提供实现乡村旅游体验的各种活动过程。

① 引入确认主题的体验线索：在游客的心目中，每一个活动、情节都会影响到最终的体验效果，因此，安排、策划每一个情节活动时都要考虑到它对主题的影响。如要策划一个以“渔俗”文化为主题线索的旅游活动，则可以设置以下情节：游客参与古代渔民出海的仪式、捕捞、织渔网、晒渔网、制作水产品、晒盐、拣田螺、品尝海味等。每一个情节都紧扣渔民生活和捕鱼活动，让游客体验

渔民的生活；观光茶园则可以从观茶、种茶、采茶、炒茶、品茶等各个环节来设计旅游活动，把茶文化与旅游活动结合起来，使游客在愉悦身心的同时又对中国茶文化有一个较深层次的体会。让旅游者当一回乡村人，去学习模仿当地的生活生产方式，感受体验当地的民俗文化，最终满怀欣喜地沉浸在乡村文化的感受和体验中。

② 安排协调各个旅游活动：活动情节之间的相互衔接要依据一定的内在逻辑关系，一般有三种类型[129]。主题聚焦型，即各个活动情节都是主题在某一方面的呈现，彼此互补，各个节目内容分别指向主题；主题升华型，即根据故事的发生、发展、高潮、尾声的时间发展脉络来安排情节，让人们的体验情绪不断升华，最终达到极致体验，留下最为难忘的印象；主题生发型，类似中国散文“形散神不散”的设置，各个情节看似自由零散地分布，却也可以找到彼此间的呼应关系，并且紧扣主题。如在“作一回隐居者”这一主题下，各情节间的协调可以采用这一类型，使整个过程更有田园气息、更具诗情画意，让人难以忘怀。

③ 融合动、静情节的活动形式：静态展示和动态表演的协调配合能够生动鲜明地体现主题，强化人们的体验效果。比如桂林阳朔乡村旅游景区，以当地关于“刘三姐”的传说为主题切入，策划制作了“印象•刘三组”山水实景剧，即是运用桂林秀美的山水（静态）作为背景；结合流动的水景、竹筏等，将刘三姐的经典山歌、瑶族的民族独特风情、漓江渔火等旅游资源创新结合，把一个别样的桂林阳朔的乡村文化传导给游客[130]。再如江南著名水乡乌镇，它通过蓝印花布馆、酿酒作坊、卷烟作坊、皮影戏台等具体工作场景的展示，加深了人们对水乡生活内容的了解和认识。

4.3.3 乡村旅游意向获得——体验意向设计

乡村旅游地作为一个景区，是一个整体的地域概念，是一个在主题统帅下的复合旅游产品综合体。乡村景区不同的分区、不同的场景、不同的旅游活动所体现、表达不同的子主题都要在旅游景区的总体主题概念的控制下，服务于景区总的主题，使乡村旅游景区形成一个整体的旅游体验形象，使游客能够获得整体的乡村体验意向。那么串联起景区不同分区的旅游线路就对景区整体意向的形成和获得具有重要意义，它最终决定、影响了游客对整体乡村景区的体验意向。

（1）旅游意向塑造的原则

要想使游客获得乡村旅游地的整体意向，我们在进行相应旅游线路规划时，首先是景区体验主题的协调，即是要协调旅游地整体的体验主题和旅游地不同分区、不同的旅游活动的子主题间的关系；其次是乡村游览线路的科学合理，旅游线路的安排布置要考虑到游客的生理特征和心理感受，景区旅游活动的安排要有张有弛，犹如一首交响乐，要有起承转合的过程；最后是游览过程中乡村景观特征和乡村文化氛围的和谐表达。

（2）旅游意向塑造的手段

乡村旅游意向塑造的目的是为将乡村旅游地的不同分区活动、内容进行一体化意向的设计，具体来说可以采用乡村旅游地线路规划布置作为达到获得乡村旅游地整体体验意向的处理手法，最终使游客获得旅游地鲜明形象和完整体验意向。

① 旅游资源点的选取：乡村旅游地内的资源分布情况是旅游地景区进行功能分区、进行乡村旅游活动安排的重要依据，相应的乡村景区中的这些分区也正是旅游者进行游览时的主要停留节点。同时，对一个乡村景区来说，其各个区域的景点资源状况也存在着不同等级与差别，对游客有着不同的吸引力。依据乡村景区体验主题进行游览线路的设置时，就要根据主题所规定的体验线索对乡村景区内的资源点进行选择和安排，使整个游览线路上既有体验主题的核心资源点、核心旅游活动，也要有次级的资源点和旅游活动内容，使旅游者在整个游览过程中能够获得高潮起伏的乡村游览主题体验，形成对乡村旅游区的整体、协调、一致的印象。如以“古建筑体验之旅”为主题的乡村旅游景区，其相应的对村落中各种古建筑景观的选取；以“民俗体验之旅”为主题的乡村旅游地中对村落中相应的村民生产、生活场景的选取等，都体现了以资源点的选择来形成乡村旅游地整体体验意向的手法。

② 旅游游览顺序的设置：正如乡村景区内不同分区的资源条件存在差异一样，景区主题游览线路上的景点质量、品位、活动内容等也存在差异。在进行乡村游览线路的设计时就要考虑资源类型的组合以及组合顺序来安排游客的游览体验顺序，使游客在游览过程中，既能感受到游览过程主题的连续性，也能保持游客在游览体验过程中的兴奋度，最终在主题景区的核心资源处（旅游活动）达到整个乡村旅游体验过程的顶点，获得满意的旅游体验意向。例如，如果乡村游线设计首先把质量品位高的景点（旅游活动）安排在前，相对较差的景点（活动）安排在后，那么，游客虽然获得的第一印象很好，但在其随后的游览过程中，就有可能因为前面有高质量的景点（活动）做参照，使乡村旅游体验产生一种“失望感”，进而对整条游线、整体景区的不满意。反之，游客就会在体验过程中获得一种“满足感”，形成对乡村景区、整条线路的一致的体验印象。

③ 游线上干扰因素的排除：乡村景区中的主题游览线路在完成串联起整体景区的景点（活动）的同时，也将沿线的乡村景观状况和乡村人文氛围展现给了游客。这两个方面对形成乡村景区的整体一致的印象、对游客获得和谐一致的乡村旅游体验具有非常重要的作用，任何对景区主题意向有负面影响的因素都会对整体景区意向的获得产生干扰。在乡村景区的软、硬件环境建设中必须以能积极体现体验主题和美好体验意象的正面线索来指导乡村旅游环境建设，而淘汰负面因素，减除负面线索对削弱、违反和转移主题的干扰。此外，乡村景区的和谐的外

围环境的呼应与衬托也十分重要。例如在对古村落旅游产品的规划中，我们要尽量杜绝有违古村落那种“人和自然相和谐”的古朴恬静氛围的景观败笔，如脱离地域特点的建筑形式、过于喧闹的商业氛围等负面因素。因此在规划时就需要对这些不和谐的环境因素进行相应的处理来最终传达出古村落那种宁静、自然、古朴的环境意向。

5 体验式乡村旅游规划的评价和调控

5.1 体验式乡村旅游规划的评价

5.1.1 游客体验效果度量的基础研究

（1）游客体验效果影响理论研究综述

① 冉恩（Chris Ryan）在其著作《休闲旅游：社会科学的透视》中，将影响旅游体验的因素划分为先在因素、干涉变量、行为和结果几个因素，并认为旅游体验的质量是这些因素相互作用的结果[131]（图 5-1）。其中，先在因子包括个性、社会等级、生活方式、家庭生命周期阶段、目的地的营销和形象定位、过去的知识和经验、期望、动机等，并且动机受其他因素的作用而对各干涉变量施加影响；干涉变量包括：旅游体验中的延误、舒适、便利和目的地的可进入性、目的地的性质、住宿的质量、景点的数量、活动内容的多少以及目的地的种族特性等。在旅游行为的过程中，旅游者游前期望与实际偏差的大小，他们与目的地居民以及同行的旅游者之间相互作用的性质，要受到诸如旅游者本身辨别事件的真实性和虚幻性的能力，建立可以使自己获得归属感的人际关系的能力以及旅游者的活动方式等因素的综合影响，并最终决定着体验的满意程度。

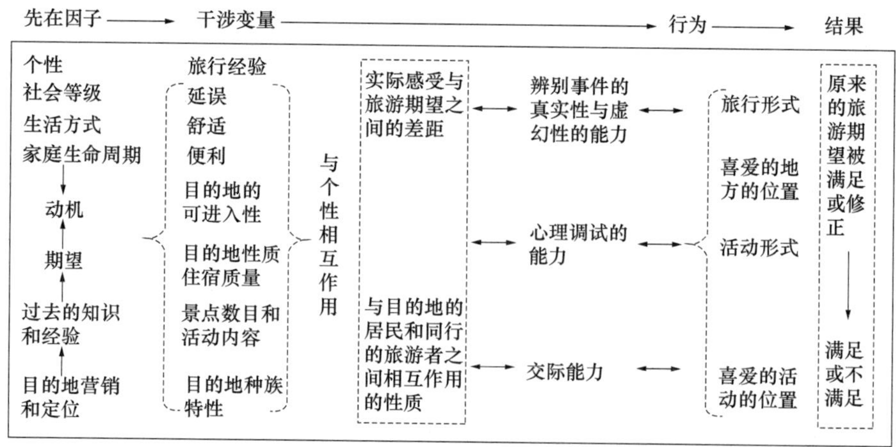

图 5-1 旅游期望与旅游体验满足之间的关系

（图片来源：《休闲旅游：社会科学的透视》）

②挪威学者维特逊（Vittersu）等在对挪威六个旅游景点的游客体验进

行研究的过程中，针对游客在旅游景点获得的不同体验，引入了“流畅单体（Flow-simplex）”理论来区分不同的旅游者体验信息，提出了同化（吸收）阻力（Assimilation resistance）的概念。他们认为:“无论任何时候，当一个人的现实世界感知与其头脑中存在的图示或期望一致时，同化吸收的进程就将毫无阻力地进行，此时游客也容易获得满意的体验”[132]（图 5-2）。他们认为，同化阻力随着游客的现实状态与其本身内在“感知地图”或心理期望的差别的大小而增减。随着阻力的增加，游客的体验将从无趣向舒适和放松发展。当同化阻力达到更大一些时，这些体验将被愉快或满意的感觉所取代；当同化阻力在再高一点的水平时，经典的反应是产生有兴趣的感觉；而当达到更高的水平时，将会有挑战的感觉。但如果同化的阻力达到相当大时，愤怒和挫折感就将统治整个体验。

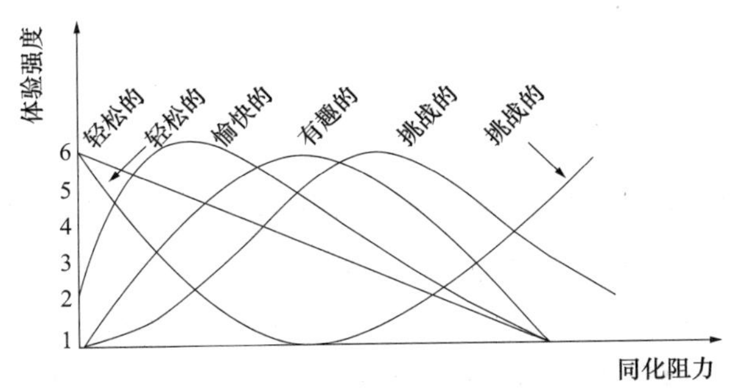

图 5-2　同化阻力与体验反应（图片来源：《旅游体验和同化》）

③ 奇克森特米哈伊等（M.Csikszentmihalyi，I.S.Csikszentmihalyi）提出了另一种方法:“八径模型”，即旅游体验的“挑战—技能”模型（图 5-3）[133]。“挑战—技能”模型同样是从心理学上“期望与满意度”的角度出发进行研究的。该理论认为，在追求休闲的人们当中，他们所获得的满意程度，取决于他们所面临的挑战的性质和自身应付挑战的技能水平。如果前者能超过后者，就会因为担心挑战无法控制而出现不满，参与的积极性可能因此而降低；但如果后者超过了前者，则可能会认为挑战的水平太低、不值得挑战，或没有足够的挑战性而产生枯燥厌倦之感。

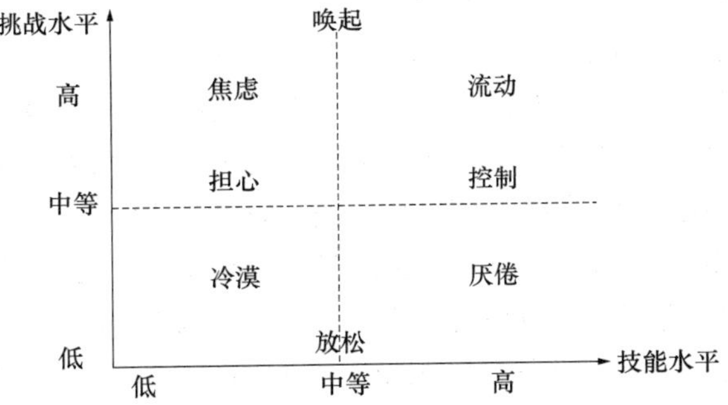

图 5-3　“挑战—技能”模型（图片来源：《最佳体验：意识流的心理学研究》）

④ 我国学者谢彦君、吴凯对“挑战—技能”模型进行改进，在维度当中加入了期望与感受这两个更具一般性和综合性、与旅游体验的关系更直接、对旅游体验质量的影响也更大的两个衡量维度。提出了更为完善的“挑战—技能”模型[134]（图 5-4）。

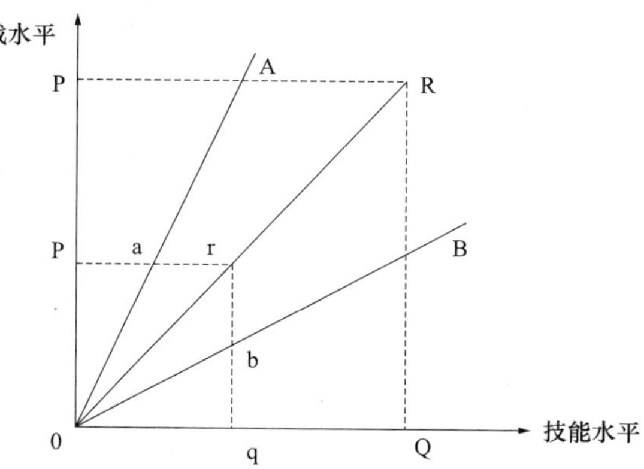

图 5-4　改进的“挑战—技能”模型（图片来源：《旅游体验研究》）

在这个改进的模型中，重新界定了若干特征值和特征域。图中的 OR 线可以称之为“一般满足线”，它来源于期望与感受的均衡，即旅游者所面临的挑战水平与自身拥有的技能水平的均衡。与此相对应的，是典型的两个扇形区域和两个矩形区域，也就是分别由 OPR 与 OQR 构成的两个扇区，和由 Oprq 与 OPRQ-Oprq 构成的两个矩形域。这个模型的重要价值在于，它可以同时用这个大小不同，同时位置也不同的两个矩形域和相对位置不同的两个扇形域，对旅游者的满足程度和实现机制进行刻画。两个矩形被用来描述因挑战水平和技能水平的均衡差异而形成的满足水平差异[135]。换句话说，矩形 Oprq 所代表的满足，从社会角度看是一种低水平的满足，而 OPRQ-Oprq 所代表的满足从社会角度看却是一种高水平的满足。对于旅游者来说，只要处在“一般满足线”（OR）的状态上，就是一种高水平的满足，不论线上的点位于哪个矩形域内。但是，对于不同的旅游者而言，“满足”能否获得或如何获得，还取决于挑战水平与技能水平的关系。在 OPR 扇形域之内，挑战水平高于技能水平，在这种情况下，旅游者在形成期望的过程中，畏却、不安和恐惧的心理在发挥作用，因此往往会造成其期望值趋低的倾向，而恰恰在这种情况下，旅游者会有较多获得意外惊喜的机会。旅游者会因为战胜某种挑战，而获得很高的成就感，满意度因此大大提高。这种提高的程度与挑战水平的差异程度有关。反映在模型当中，就是在整个 OPR 区域中的 OPA 小扇区内潜藏的获得意外满足的机会多于 OAR 区域，当然，能够获得这种满足的可能性，在两个区域中恰好相反。在 ORQ 扇区之内，技能水平高于挑战水平，这时旅游者的反应往往是乏味、没有激情和没有行为动力。这种情况的严重程度反映在模型中，就是在整个ORQ扇区中，OBQ要比ORB更具有这种性质。如果旅游者在旅游过程中始终不能发现一些期望之外的新的挑战，不满足感必然弥漫于心，挥之不去。

这个模型最终能够突出说明的是：如果任务过于繁重，就会让人焦虑；但如果任务过于简单，行为者又会感到厌烦；只有当任务难易程度恰好与行为者的技能水平相匹配的时候，行为者这时才会全身心的投入，从而忘记了时间与周围环境的存在，在这段时间内完全“进入”这种体验[136]。

⑤ 李一平（Yiping Li）和杰克逊（M.S.Jackson）则使用了正感体验和负感体验来描述旅游者的体验感受[135,137]。这个旅游体验转换模型概括了旅游者通过在场体验最终形成了可能影响旅游者个人与目的地的关系以及旅游产业发展前景的逻辑过程[137]（图5-5）。其中正感体验形成满足的心态，或者说会有比较高的满意度，旅游者所获得的这种感受可称之为满足感；负感体验会有很低的满意度，甚至是走向反面，形成失望的心态，产生厌恶、懊悔和憎恨的感觉，这种感觉可以叫作挫折感。由此，我们便可以构筑一个衡量旅游体验质量的一般性模型。

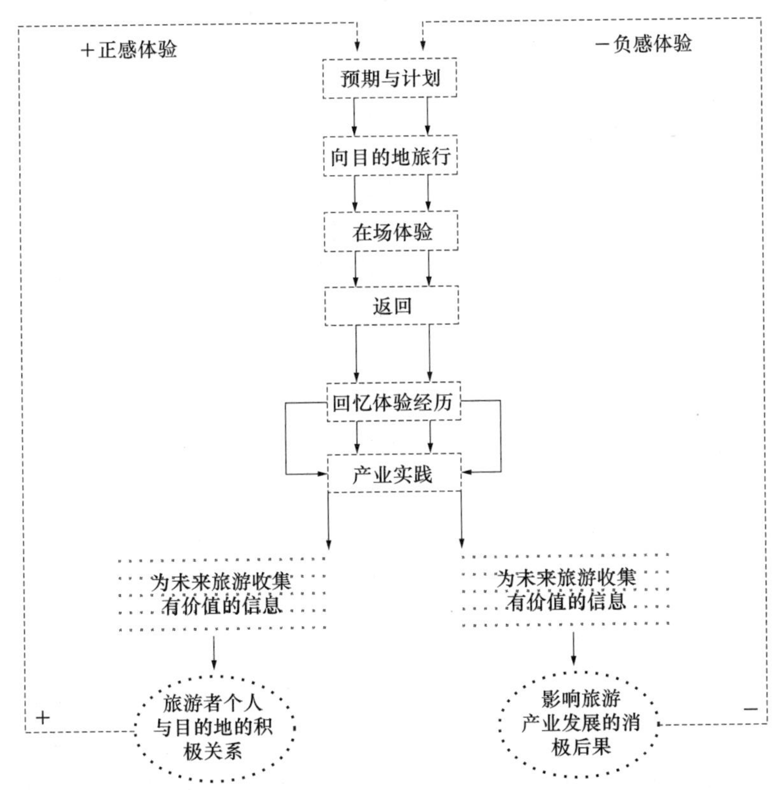

图5-5 旅游体验转换模型（图片来源：《地理意识与旅游体验》）

（2）游客体验极致状态的理论

① 畅爽理论：根据奇克森特米哈伊（M.Csikszentmihalyi）的定义，“畅爽”是指一种当个人完全沉浸在一项活动时所产生的心理状态，个人因为自身的兴趣完全融入其中，专注在自身注意的事情上，并且丧失其他不相关的知觉，就好像被活动吸引进去一般，当个人产生这种心理现象时，我们即可称其为“畅爽”[133]。简单说来，该理论认为当“畅爽”发生时，通常情况下的主、客体界限将被打破，人们会完全沉浸其中，以致忘记了时间的流逝，意识不到自己的存在。“畅爽”是一种暂时性的、主观性的经验，这也是人们为什么愿意继续再从事某种活动的原因[138]。盖妮和戴斯佩德（Ghani & Deshpande）提出两个畅爽的主要特征：会在活动中完全专心和从活动中引导出享受。从审美的角度来看，这种畅快的、愉悦的心理体验，产生的自由感和美好感，是人生对自在、真实生命的用心体验，这是超然物外、天人合一、渗透人间世相、悟出生活真谛后的一种生存境界，这是一种超道德的审美境界。

② 高峰体验：马斯洛（Maslow）认为，高峰体验是“自我实现”或健康心理的倏忽短暂的插曲。“这种体验可能是瞬间产生的、压倒一切的敬畏情绪，也可能是转瞬即逝的极度强烈的幸福感，甚至是欣喜若狂、如醉如痴、欢乐至极的感觉”，“在这些短暂的时刻里，他们沉浸在一片纯净而完善的幸福之中，摆脱了一切怀疑、恐惧、压抑、紧张和怯懦。他们的自我意识也悄然消逝，他们不再感到自己与世界之间存在着任何距离而相互隔绝，相反，他们觉得自己已经与世界紧紧相连融为一体。他们感到自己是真正属于这一世界，而不是站在世界之外的旁观者”，“这些美好的瞬时体验来自爱情，来自审美感受，来自创造冲动和创造热情，来自意义重大的顿悟和发现……来自与大自然的交融（在森林里，在海滩上，在群山中等）……”[139]。

（3）游客体验效果度量的期望差异关系模型的建立

可以看出，在对游客体验效果（满意度）的相关研究中，旅游期望与旅游体验的不确定关系是影响和决定游客体验满意度的核心，在这个体验效果的不确定关系中，可以归纳出影响满意度有三个方面：旅游期望、实际体验与体验结果的不确定性。旅游期望是指旅游者的心理预期，它的产生过程通常是旅游主体对有关旅游客体和部分旅游媒体的知识获取过程，是由于潜在的旅游者因其心理状态与实际所处的环境之间的矛盾而萌生的调谐的欲望。学者博文（Bowen）认为，期望主要受三种因素影响：①产品自身，包括产品先前经验、产品品牌内涵及象征性要素（如产品形象、产品标示等）；②情境，包括从销售人员及社会对象（家人、亲戚、朋友、同事、社会群体等）处获得的交流内容；③个人特征，主要包括说服力与知觉曲解。由于旅游期望在形成过程中受信息丰度、准确度以及传播质量影响，因而旅游期望明显具有总体的片面性和模糊性特点，在旅游体验过程中逐步外化成度量旅游体验质量的标尺[140]，也就是说，旅游期望会在最初层面上以主观的力量影响旅游体验的质量，但是在游客的实际旅游过程中，通过与旅游客体之间的互动，选择、参与自己喜欢的旅游活动，将客观的旅游环境、旅游活动逐渐内化为内心的主观感受，获得了生理上、心理上丰富的体验，形成了真实的旅游体验。

满意是指心理上的感受和评价，它强调的是一种“积极的”“正效应”的感知和感觉；是指一个人通过对一个产品可感知的效果（或结果）与他的期望值相比较后所形成的感觉状态[141]。它是一种顾客心理反应。这种满意不仅仅体现在对一件产品、一项服务、一种思想、一次机会之上，还体现为对一种系统、一种体系的满意。在整个消费过程中，顾客不仅追求对服务的期望质量的满意，而且追求对社会性和精神性的满足[142]。满意度则是消费者对产品或服务满意程度的一种度量，通常用“满意—不满意”这一等级序列的语言进行描述。旅游体验的核心就是为游客提供不同的满意度。皮芝姆（Pizam）等是最早发现游客满意是游客对目的地的期望和在目的地的体验相互比较的结果，若体验与期望比较的结果使游客感觉满意，游客是满意的；反之，游客是不满意的。这种将游客满意定义为由游客期望和实际体验相比较是否一致的理论模式被旅游学界广为接受。奥立沃（Oliver）等人也从服务营销的角度提出顾客满意与否是由期望和感知绩效之间的差距决定的。当感知绩效高于或等同于期望时，会感到满意；当感知绩效低于期望时，会感到不满意。勃德（Beard）进一步强调游客满意是“积极的”感知或感觉，是建立在游客期望和实际体验相比较的正效应基础上的。科尔特（Kolter）也指出，满意度是体验与期望两者间差异的函数，因此顾客满意度是来自于对产品之功能特性或结果的知觉，以及个人对产品的期望，两者比较后形成其感觉愉悦或失望的程度。简言之，满意度是由游客的期望与实际体验感受知觉间的差距来决定的，是消费者比较购买前期望与购买后实际感知之间的差异。

总之，旅游者出游行为是在旅游期望驱使下，在旅游实际体验过程中逐步实现的。那么旅游期望的高低必然要影响到实际旅游体验的质量，进而最终影响游客旅游满意度。旅游者的旅游期望与他所获得的旅游体验总体效果之间存在密切关系，期望是否得到满足决定旅游者能否获得满意的旅游体验（表 5-1），虽然，游客满意度的体验会因个人偏好、期望、体验等不同而有所差异[143]。本研究中认为游客满意度是游客在游览前期望和游览后的实际体验之间的差距，当游客实际参与后的体验未达到旅游事前的期望时，产生不满意；当游客实际参与的体验超过事前期望时，产生满意。

旅游满意度测定的期望差异关系　　表 5-1

旅游体验和期望关系	旅游体验＞旅游期望	旅游体验＝旅游期望	旅游体验＜旅游期望
游客满意度	比较满意 ↑ 非常满意	满意	比较不满意 ↑ 不满意

5.1.2　乡村游客体验效果测定过程模型的建立

由游客体验的期望差异的理论与关系模型的分析可以看出，对游客体验满意度的评价与度量可以从游客期望与游客旅游后的实际体验的相互关系入手。其中游前期望作为游客在参与旅游活动之前对未知情况所持的观感和印象，它对整个旅游过程提供了一个感受和体验比较的基准；在实际的旅游过程中，随着旅游活动的展开游客逐渐获得了对旅游地的感受和认知（旅游体验），这时游客的旅游期望作为判断基准，当旅游期望值与旅游体验不相吻合时，体验结果产生不确定性。如果实际旅游体验超过旅游预期，即差距为正值时，游客就会感觉到满意，差距越大游客就越满意；反之，负向差距越大表明游客满意度越低。并且，游客对旅游地体验的满意程度受诸多因素影响，并由此产生一系列连锁反应。游客对旅游地满意可提高游客忠诚度，树立旅游地良好的形象，促使游客对旅游地的正面评价、正面口碑宣传，吸引游客对旅游地的重游行为；游客不满可能会抱怨或投诉，损害旅游地名誉，导致游客对旅游地的负面宣传、评价。

在对游客乡村旅游体验效果测量分析中，结合游客满意度的期望差异关系模型（表 5-1），借鉴美国顾客满意度指数（ACSI）模型，建立乡村游客体验质量测定的过程模型。本模型体现了一种因果关系，主要由 6 个结构变量组成：即游客期望、游客体验、游客体验结果、游客满意度、游客正面评价和游客负面评价。其中，游客期望、游客体验和游客体验结果决定着游客满意程度，是评价系统的输入变量（前提变量）；游客满意度、游客正面评价、游客负面评价是结果变量（输出变量）（图 5-6）。

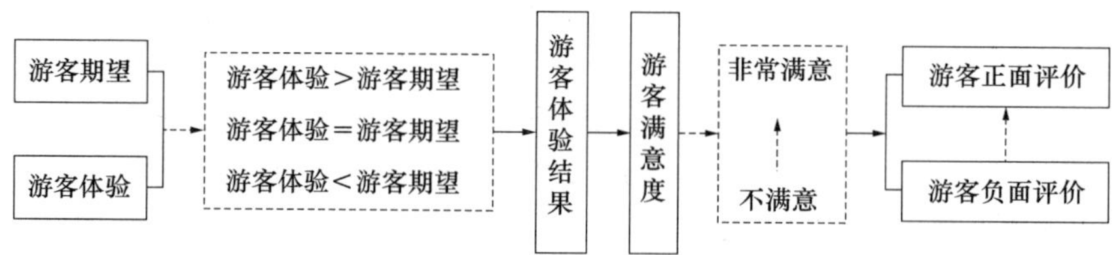

图 5-6　乡村游客体验质量测定过程模型（图片来源：作者自绘）

其中，前提变量决定结果变量。乡村游客的旅游期望、乡村游客的实际体验、乡村游客体验的结果直接影响和决定着游客对乡村旅游地的满意度、游客的正面评价和游客的负面评价这三个方面。其中，乡村游客实际体验、乡村游客体验的结果与游客满意度之间呈正相关关系，即感知越高，满意度则越高；反之亦然。而乡村游客期望和乡村游客的满意度之间呈负相关的关系，即通常期望值越高，满意度会越低。同时，各个前提变量之间也存在着相关性。乡村游客的期望、乡村游客体验和乡村游客体验的结果之间存在着负相关关系，即期望越高，其实际的感知会相应地降低；反之亦然。此外，游客体验会影响游客对旅游产品体验感知的结果。对于较高水平的旅游产品，游客对体验结果的感知就会提高，相反则会较低，呈现正相关的关系。最后各个结果变量之间也存在着相关性。乡村游客的体验质量降低，游客就会产生负面评价，乃至投诉等问题，而游客体验质量的提高也会产生相应的结果，如游客减少抱怨，对乡村旅游地给予正面的评价，直至对乡村旅游地的口碑宣传和对旅游地的再次游玩。

5.1.3 乡村游客体验效果测定指标体系的建立

游客体验满意度的测量是将游客满意程度由一种综合的主观感受分解为由旅游产品和服务等使游客满意的客观属性，根据游客对游客产品和服务等的满意程度，得出对游客产品和服务质量的评价数值，以此来反映旅游地综合质量状况。游客满意度指标体系作为一系列相互联系的能敏感地反映游客满意状态及存在问题的指标的有机构成整体[144]。满意度测量指标体系的维度可以是一维，即通过一个或几个指标测量顾客对产品或服务满意度的总体判断，如“你对该旅游地的总体满意程度怎么样？”这样简单明确，但是一维指标的缺陷在于无法确定满意度的具体影响因素，影响深入研究。随着社会学、心理学在满意理论中的运用，一维指标逐步被多维指标代替，在社会学中被称为多维量表。多维量表法，也可称为多维尺度法（Multi Dimensional Sealing，简称 MDS），可以通过逐一考察研究指标体系的每个因子，来调查对于研究对象的总体评价。

目前国内外关于游客满意测度指标体系的研究文献较少。在国外，较多使用服务质量测定模型（SERVQUAL）进行测度。SERVQUAL 量表广泛应用于酒店、银行、保险业等服务性行业，其认为服务质量包括有形性、可靠性、响应性、保证性和移情性 5 个维度 22 项评估项目，该量表被认为有可靠的信度和效度，可以用于改善服务质量。在具体行业的运用过程中，针对研究对象的特点，众多研究者对 SERVQUAL 量表的指标进行了修正运用。如阿卡玛（Akama）等通过改进 SERVQUAL 模型对肯尼亚西塔斯沃（Tsavo West）国家公园的游客满意度进行测度和服务质量分析，该模型含有 7 大属性（在 SERVQUALS 的大属性基础上增加了价格和价值认识）共 25 个指标[145]。海琳和豪雷（Hailin and Hoily）引用 PZB 对服务质量进行衡量，以观光地区的观光产业来探讨游客对旧金山海湾地区观光产业的知觉服务质量，该研究归纳了 43 项衡量服务质量的属性，以因素分析归纳为 9 个指标层面，分别为“质量与价值”“区位及选择性”“可及性及交通运输”“餐饮的质量及价值”“景点及环境”“清洁及安全的环境”“旅馆产品及服务”“娱乐活动及夜生活”“当地居民的态度”[146]。莱恩（Lain）配合经营者访谈，探讨香港旅行社的服务质量，最后归纳出“反应性及确实性”“可靠性”“同情心”“资源及企业形象”与“有形性”5个指标[147]。张淑青以澎湖游为实证对象，发现旅游者在食住行安排、交通运输、景点环境、服务态度和价格5方面的感知，构成了旅游者对目的地的感知价值维度[148]。连漪等学者以桂林为例研究了旅游地顾客满意度测评指标体系，建立了以游客期望、游客感知、顾客感知价值、顾客满意度、顾客抱怨和顾客忠诚6个二级指标来进行顾客满意度的测量[149]。缪芳以南京市高淳老街乡村旅游地为实例研究对象，用旅游环境、旅游支持系统、旅游吸引物和旅游服务6个指标来对乡村旅游地的游客满意度的测量进行研究[150]。卢军霞以乌镇为例用旅游环境体验、旅游设施体验和旅游活动体验3个指标对古城镇旅游的游客满意度的测量进行研究[151]。

为了准确地测量乡村旅游地游客体验的满意度，必须从乡村景区旅游体验活动展开的整个环节中筛选对旅游体验具有关键和重要影响的相关指标，应用层次分析法（AHP）即目标层、评价项目层、评价因子层的层级结构来构建乡村旅游地的旅游体验满意度的测评指标体系的层次（图5-7）。

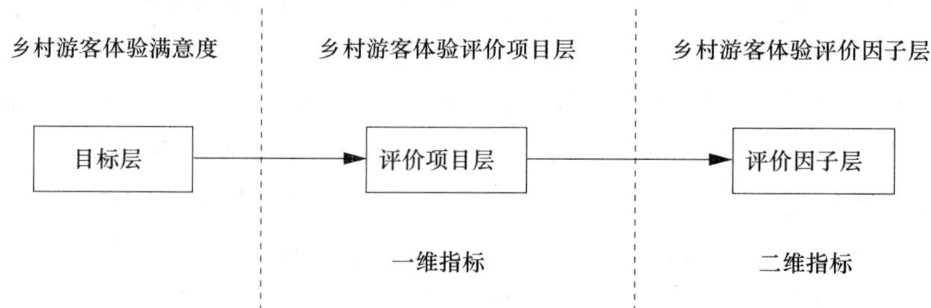

图5-7　乡村游客体验满意度测量指标体系层次图（图片来源：作者自绘）

通过对以往游客满意度测评体系的研究的分析，结合本文对体验式乡村旅游规划的研究，从游客在乡村旅游地开始旅游体验的全过程分析、考虑，按照指标敏感性、内容代表性，范围全面性、可测量性、稳定性等原则首先确定了乡村游客旅游体验满意度评价的项目层指标，然后再根据各个项目层指标分别确定评价因子层的指标（表5-2）。第一层次为目标层，即乡村游客体验满意度。第二层次为评价项目层指标，从影响乡村旅游体验的各个因素出发，本文构建了从乡村真实环境体验、乡村旅游活动体验和乡村旅游保障设施体验3个评价项目。其中乡村真实环境体验可以细分为乡村自然环境、乡村人文环境和乡村整体意向环境三个方面；乡村旅游活动体验细分为活动的丰富性、活动的参与性、活动的真实性和活动的连贯性四个方面；乡村旅游保障体验细分为旅游设施保障和旅游服务保障两个方面。第三层次为评价因子层指标，它是第二层次指标进行分解后的详细指标，是第二层次指标的展开，也是最后形成的游客调查问卷的问题，一共42个评价因子。

乡村游客体验满意度测定指标体系　　表 5-2

目标层	评价项目层		评价因子层
乡村游客体验满意度	乡村真实环境体验	自然环境体验	美丽的自然景色 清新的自然环境 独特的自然景观
		人文环境体验	乡村农耕景观 地域性的建筑景观 淳朴的乡村风俗 独特的手工艺术 乡村的历史遗迹 原真的生活场景 丰富的乡村农事活动 乡村居民的友好态度
		整体意向体验	传统淳朴的乡村文化 独特一致的乡村景观 面貌崭新的新农村景观
	乡村旅游活动体验	活动丰富度体验	基于民间风俗的活动 基于民间艺术的活动 基于田园风光的活动 基于农耕农事的活动
		活动参与度体验	观赏型旅游活动 被动参与式旅游活动 主动参与式旅游活动
		活动真实性体验	活动场景的真实性 参演人员的本土化 演出内容的本地化 表演活动的专业性
		活动连贯性体验	活动主题突出 活动设置连续自然 健康有趣的夜间活动
	乡村旅游保障体验	旅游设施体验	特色的住宿 特色的餐饮 合理的门票价格 特色的纪念品 原真的购物环境 完备的通信设施 环境安全的保障 方便的交通 适当的休闲娱乐设施 清洁卫生的保障 清晰的标识设置
		旅游服务体验	完善的导游服务 提供个性化的服务 人性化的管理工作

5.1.4 乡村游客体验效果统计与分析方法建立

（1）乡村游客体验满意度测定问卷的设计

问卷调查是客观系统地了解游客需求、游客消费体验的最有效的途径之一，也是游客满意度测定的必要条件。问卷设计的合理性将直接影响到获取数据的真实性，进而影响到分析结果的可靠性。问卷设计为数据获取服务，而数据获取的目的在于利用现有的模型和工具进行分析，从而找到数据所反映的内在问题，并进一步得出对实践有指导意义的结论，这同时也是研究的目的所在。问卷问题的类型、内容、数量、结构等都要紧紧围绕测定体系模型的要求和研究的目的进行设置，使问卷的调查内容更加客观准确、具有说服力。问卷在设计上应遵循以下两条原则：第一，问卷尽可能简练精准，数据的内容、类型要满足研究的需要，与本研究无关的数据尽量不出现在问卷中。第二，问卷语言语义明确，无歧义，问题的提出应该含义清楚、简明易懂，尽量使用短句，避免出现理解困难或有多种理解的情况。

调查问卷的设计主要分两个部分，第一部分是对游客人口统计学特征的调查，主要收集被调查者的性别、年龄、居住地、收入状况、受教育程度等基本信息，通过这部分问卷内容的调查，可以对乡村体验旅游产品的市场细分及定位进行分析（表 5-3）。

乡村游客人口统计学特征调查表　　表 5-3

统计元素	元素属性
您的性别	男　　女
您是否为城市居民	是　　否
您的年龄	A. 小于 20 岁　B.21 ～ 30 岁　C.31 ～ 40 岁　D.41 ～ 50 岁　E.51 岁以上
您的职业	A. 机关事业单位工作人员　B. 商业企业从业人员　C. 在读学生 D. 科研及专业技术人员　E. 私营业主　F. 退休人员　G. 其他
您的教育程度	A. 初中及以下　B. 高中、职高或中专　C. 大专　D. 本科　E. 硕士研究生及以上
您的月收入	A. 1500 元以下　B. 1500 ～ 3000 元　C. 3000 ～ 4500 元　D. 4500 ～ 6000 元 E. 6000 元以上
您的家庭所在地	省　　市（县）

第二部分是根据乡村旅游地游客体验满意度测定指标体系的评价因子层的指标转换成游客体验满意度的调查问卷，问卷调查主要涉及指标“重要性”和“满意度”两个方面，这部分是乡村游客体验效果测量分析的主体内容，也是调查问卷内容测量设计的重点，是对乡村游客在游玩前后对乡村旅游地期望和实际旅游体验的满意程度的度量，是对游客体验满意度进行分析研究的数据来源。为了实现对满意度的量化性分析，在“重要性”和“满意度”的度量上，本研究采用李

克特五点量表尺度（Likert Scale）作为评价打分的标准。依序设定“1、2、3、4、5”五个数字分别代表“重要性”等级的“非常不重要”“比较不重要”“重要”“比较重要”和“非常重要”，以及“满意度”等级测定的“非常不满意”“比较不满意”“满意”“比较满意”和“非常满意”（表 5-4）。

乡村游客旅游体验满意状况调查表 **表 5-4**

您可能关注的旅游体验因素	游前对该因素的期望					游后对该因素实际体验				
	非常不重要（1）	比较不重要（2）	重要（3）	比较重要（4）	非常重要（5）	非常不满意（1）	比较不满意（2）	满意（3）	比较满意（4）	非常满意（5）
乡村真实环境体验										
美丽的自然景色										
清新的自然环境										
独特的自然景观										
乡村农耕景观										
地域性的建筑景观										
淳朴的乡村风俗										
独特的手工艺术										
乡村的历史遗迹										
原真的生活场景										
丰富的乡村农事活动										
乡村居民的友好态度										
传统淳朴的乡村文化										
独特一致的乡村景观										
面貌崭新的新农村景观										

续表

您可能关注的旅游体验因素	游前对该因素的期望					游后对该因素实际体验				
	非常不重要（1）	比较不重要（2）	重要（3）	比较重要（4）	非常重要（5）	非常不满意（1）	比较不满意（2）	满意（3）	比较满意（4）	非常满意（5）
乡村旅游活动体验										
基于民间风俗的活动										
基于民间艺术的活动										
基于田园风光的活动										
基于农耕农事的活动										
观赏型旅游活动										
被动参与式旅游活动										
主动参与式旅游活动										
活动场景的真实性										
参演人员的本土化										
演出内容的本地化										
表演活动的专业性										
活动主题突出										
活动设置连续自然										
健康有趣的夜间活动										
乡村旅游保障体验										
特色的住宿										
特色的餐饮										

续表

您可能关注的旅游体验因素	游前对该因素的期望					游后对该因素实际体验				
	非常不重要（1）	比较不重要（2）	重要（3）	比较重要（4）	非常重要（5）	非常不满意（1）	比较不满意（2）	满意（3）	比较满意（4）	非常满意（5）
合理的门票价格										
特色的纪念品										
原真的购物环境										
完备的通信设施										
环境安全的保障										
方便的交通										
适当的休闲娱乐设施										
清洁卫生的保障										
清晰的标识设置										
完善的导游服务										
提供个性化的服务										
人性化的管理工作										

（2）乡村游客体验满意度测定结果的统计

运用 SPSS11.0 统计软件对调查问卷数据进行处理分析，在 SPSS11.0 软件中提供了描述性统计分析、信度检验、因子分析、相关性分析、差异性分析和 IPA 分析等分析方法，其中描述性统计（Descriptive Statistics）是对统计结构和总体情况所进行的统计计算分析，包括频数分布分析（Frequencies）、平均数分析（Mean）等等。应用 SPSS11.0 统计软件提供的描述性统计分析工具对乡村游客体验满意度的测定结果进行分析，通过这个分析找到三个不同的旅游体验评价项目及其评价因素影响下的游客期望、游客实际体验与游客满意度之间的关系和结果，通过这些统计评价结果来指导乡村旅游地相应的改进、建设（表 5-5）。

乡村游客体验满意度统计分析表　　表 5-5

评价项目	评价因子	游前期望均值	游后体验均值	差值	排序
乡村真实环境体验	美丽的自然景色				
	清新的自然环境				
	独特的自然景观				
	乡村农耕景观				
	地域性的建筑景观				
	淳朴的乡村风俗				
	独特的手工艺术				
	乡村的历史遗迹				
	原真的生活场景				
	丰富的乡村农事活动				
	乡村居民的友好态度				
	传统淳朴的乡村文化				
	独特一致的乡村景观				
	面貌崭新的新农村景观				
总体感受				—	—
乡村旅游活动体验	基于民间风俗的活动				
	基于民间艺术的活动				
	基于田园风光的活动				
	基于农耕农事的活动				
	观赏型旅游活动				
	被动参与式旅游活动				
	主动参与式旅游活动				
	活动场景的真实性				
	参演人员的本土化				
	演出内容的本地化				
	表演活动的专业性				
	活动主题突出				
	活动设置连续自然				
	健康有趣的夜间活动				
总体感受				—	—

续表

评价项目	评价因子	游前期望均值	游后体验均值	差值	排序
乡村旅游保障体验	特色的住宿				
	特色的餐饮				
	合理的门票价格				
	特色的纪念品				
	原真的购物环境				
	完备的通信设施				
	环境安全的保障				
	方便的交通				
	适当的休闲娱乐设施				
	清洁卫生的保障				
	清晰的标识设置				
	完善的导游服务				
	提供个性化的服务				
	人性化的管理工作				
总体感受				—	—

（3）乡村旅游体验满意度的测定结果的分析

根据期望差异理论和乡村游客体验满意度测定指标体系模型（表 5-2），建立测定乡村旅游地游客体验满意度的各个评价因子象限分析体系。将游客对乡村旅游地各个体验因素的游前期望重要性的梯度差异分布视为纵轴（Y 轴），将游客对乡村旅游地的各个体验因素的游后实际体验满意度的梯度差异分布视为横纵（X 轴），将问卷所得到的游客总的旅游期望和总旅游实际体验平均值（三个评价项目总和的均值）点设为 X 轴和 Y 轴的交点，以此将 X、Y 轴围成的区域分割成为 Ⅰ、Ⅱ、Ⅲ、Ⅳ四个象限的期望差异象限分布图，将影响乡村旅游体验满意度的各个因子按问卷分析测定结果（表 5-4）分别绘制到象限图中相应的位置上，用来对乡村游客对影响乡村旅游地体验所有项目和因子进行相应的分析（图 5-8）。最后根据分析得到的结果来相应地指导乡村旅游地经营、管理者和规划设计者对乡村旅游地的调整或改进。

① Ⅰ象限：为乡村游客旅游期望的重要性和实际旅游体验感知满意度双高的区域，处于Ⅰ象限的满意度评价因子为乡村旅游地产品质量的优势因素，满足了游客对乡村旅游地体验要求，是景区的精髓部分，是游客对乡村旅游地的正面评价与宣传决定因素。这些指标是旅游目的地的优势因素，旅游地应该着力维持现状，进一步完善提高。

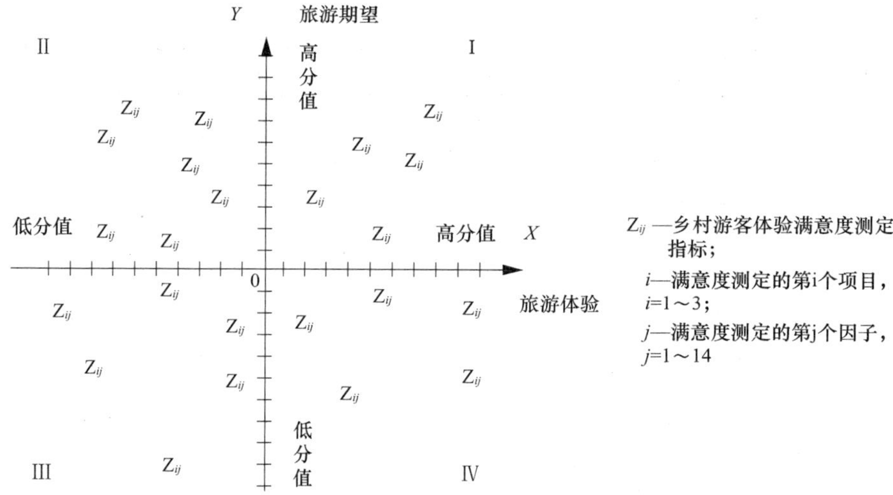

图 5-8 乡村游客体验满意度测定指标分析模式图（图片来源：作者自绘）

② Ⅱ象限：区域内的指标为乡村游客期望的重要程度较高，但是游客的实际体验满意度较低的区域，这些指标代表了乡村旅游地在满足游客体验方面需要改进的地方。这些指标是旅游目的地的问题因素，急需改进，以满足旅游者的体验需求，避免游客对乡村旅游的负面评价和宣传。

③ Ⅲ象限：区域内的指标为乡村游客旅游期望的重要程度较低，实际旅游体验满意度也较低的区域，为乡村旅游地开发的机会区。这些指标是旅游目的地未来发展的机会因素，但在资源有限的情况下，可以暂不考虑改进措施；或者有计划地逐步加强，给乡村旅游带来意外的惊喜体验，从而提高乡村游客体验的满意度。

④ Ⅳ象限：区域内的指标为在游客旅游期望旅游者中重要程度较低，但旅游实际体验满意度较高的区域，是乡村旅游地产品质量的维持区。此区域中的指标是旅游目的地的个性因素，旅游目的地只需维持现状即可。

通过对影响乡村游客旅游体验的乡村旅游地各个指标的评价与分析，找出乡村旅游地各指标对满足游客体验需求的不同状况，根据这些指标来具体地指导乡村旅游地的规划开发者、经营者或管理者进行相应的乡村地的建设与调整，使乡村旅游地能更好地满足乡村游客需求，提供适合游客需要的旅游产品，促进乡村旅游地的健康发展。

5.2 体验式乡村旅游规划的调控

5.2.1 旅游规划的可调控性

一个完善的规划内容体系离不开规划的反馈和调控，规划的反馈和调控是规划得以实施，规划得以正确运行的重要保障，是旅游地发展过程中不断完善、不断改进的重要手段，系统论和控制论为我们进行相应的规划反馈和调控提供了理论和方法上的支持。

（1）系统论和控制论的简单认识

系统论是研究系统的模式、性能、行为和规律的一门科学。它为人们认识各种系统的组成、结构、性能、行为和发展规律提供了一般方法论的指导。系统论的创始人是美籍奥地利理论生物学家和哲学家路德维格·贝塔朗菲。该理论认为系统是由若干相互联系的基本要素构成的，它是具有确定的特性和功能的有机整体。如太阳系是由太阳及其围绕它运转的行星（金星、地球、火星、木星等）和卫星构成的，同时太阳系这个“整体”又是它所属的“更大整体”——银河系的一个组成部分。同时，世界上的具体系统是纷繁复杂的，必须按照一定的标准，将千差万别的系统分门别类，以便分析、研究和管理。如果系统与外界或它所处的外部环境有物质、能量和信息的交流，那么这个系统就是一个开放系统，否则就是一个封闭系统。

人们研究和认识系统的目的之一，就在于有效地控制和管理系统。控制论则为人们对系统的管理和控制提供了一般方法论的指导，它是数学、自动控制、电子技术、数理逻辑、生物科学等学科和技术相互渗透而形成的综合性科学。控制论的思想渊源可以追溯到遥远的古代。但是，控制论作为一个相对独立的科学学科的形成却起始于 20 世纪 20 ～ 30 年代，以 1948 年美国数学家维纳出版的《控制论》一书为标志的控制论正式诞生。几十年来，控制论在纵深方向得到了很大发展，已应用到人类社会各个领域，如经济控制论、社会控制论和人口控制论等。

（2）旅游规划具有的系统性

把旅游作为一个系统已经得到越来越多的学者认可，它为我们正确认识旅游系统提供了科学的理论与方法。根据系统论的观点，我们应着重从整体与部分（要素）之间和整体与外部环境之间相互联系、相互作用、相互制约的关系中综合考察对象，以揭示整个系统运动的规律，达到取得最佳方案的目的。如：冈恩提出旅游功能系统（The function tourism system）的概念，他认为旅游系统是由需求板块和供给板块两个部分组成，其中供给板块又由交通、信息促销、吸引物和服务等要素构成，并且这些要素之间存在强烈的相互依赖[152]；吴必虎教授则认为旅游系统是由客源市场系统、目的地系统、出行系统和支持系统构成，旅游者的旅游活动成为各个子系统之间的联系纽带，使其成为一个有机整体。

同时，从旅游规划自身来看，除了规划对象的系统性（如上部分内容所分析），还有规划类型本身的系统性和规划的系统方法。旅游规划的系统性是指必须考虑整个旅游系统的运行，从旅游系统的全局和整体出发，着眼于规划对象的综合整体优化，而不是从局部的单个要素出发，也不是只关心系统各个组成部分的工作状态。旅游规划系统性还要求必须从发展的战略和战术出发，克服从单一目标出发，从单一因子考虑问题的弊端，正确处理旅游系统的复杂结构。

（3）旅游规划的可调控性

旅游规划的系统方法需要以连续、递增、弹性的方法来研究和控制目标[33]。由于规划的背景时刻处于变化之中，因此旅游规划是一个连续的过程，任何系统规划都应具有监测和反馈的机制，使管理部门在规划的实施过程中能够及时根据新的情况，对原有的规划做出合理的、有根据的修订，这种方法也被称为弹性的方法（Flexibility approach）。弹性方法体现了系统的开放特征，成功的规划必须具有根据形势需要，不断吸取新的信息，进行补充、修改和完善，以适应未来各种可能的变化。

最后，可控性也正是旅游系统是反馈可控系统特性的表现。建立反馈系统是一个成功的旅游系统规划必不可少的条件。因为规划的目的在于付诸实施，不准备实施的规划等于一张废纸。为了保证规划能够按照预期的目标实施，就有必要在规划中建立一套反馈机制。一是通过反馈，修正原来为了达到某个目标所采取的策略、方法；二是通过反馈，发现新问题，及时拿出具有针对性的解决对策。最后旅游规划又不能过于频繁地变动，它必须具有相对的稳定性和比较清晰的阶段性。

5.2.2 体验式乡村旅游规划的调控

体验式乡村旅游规划的对象是乡村旅游系统，它是由乡村旅游主体、乡村旅游客体及乡村旅游的媒介组成。体验式乡村旅游者的需求构成体验式乡村旅游规划的需求系统，体验式乡村旅游规划强调游客个性化的、参与性的旅游需求，从游客旅游的需求出发寻求旅游产品市场开发的切入点和卖点，从旅游买点出发构造旅游产品的卖点，满足乡村游客的不同层次，不同内容的旅游体验需要。乡村旅游媒介则是促使游客方便、全面体验乡村旅游客体（活动或资源）的支持系统。乡村旅游客体是指各种类型的乡村旅游资源，是体验式乡村旅游规划的对象，其最终形成体验式乡村旅游产品的供给系统。这其中还可以进一步划分为乡村旅游的空间系统（如乡村旅游景区、景点的规划布局和建设等），乡村旅游的时间系统（如乡村旅游路线的安排等），跨空间系统（如乡村旅游的活动安排、策划等），跨时间系统（乡村的虚拟旅游等）。

运用系统规划方法进行体验式乡村旅游规划，首先先把规划对象视为一个整体性的系统，从整体出发、部分入手、协调各个方面、综合考虑，使规划的整体达到最优化。在综合考虑游客需求和旅游资源的基础上，确定体验式乡村旅游规划的主题。其次要有层次性，任何系统都有一定层次，复杂的系统中包含着若干个子系统。在进行体验式乡村旅游规划时就要在乡村旅游体验主题的统筹下，层层展开、进行乡村旅游产品的系统的规划。同时，作为一个系统的规划方法，体验式乡村旅游规划还要具有相应的调节、反馈的动态调节机制，使旅游规划对象在外界的旅游环境条件、市场条件等发生变化时，结合对乡村游客体验满意度的测定、评价结果的分析，旅游经营者、开发者或者管理者对旅游需求系统，或者是对旅游供给系统，或者两者兼有进行相应的调节、改进或者完善，以保证乡村旅游地提供的体验式乡村旅游产品能够满足乡村游客的体验需要，促进乡村旅游地的持续、健康的发展（图 5-9）。

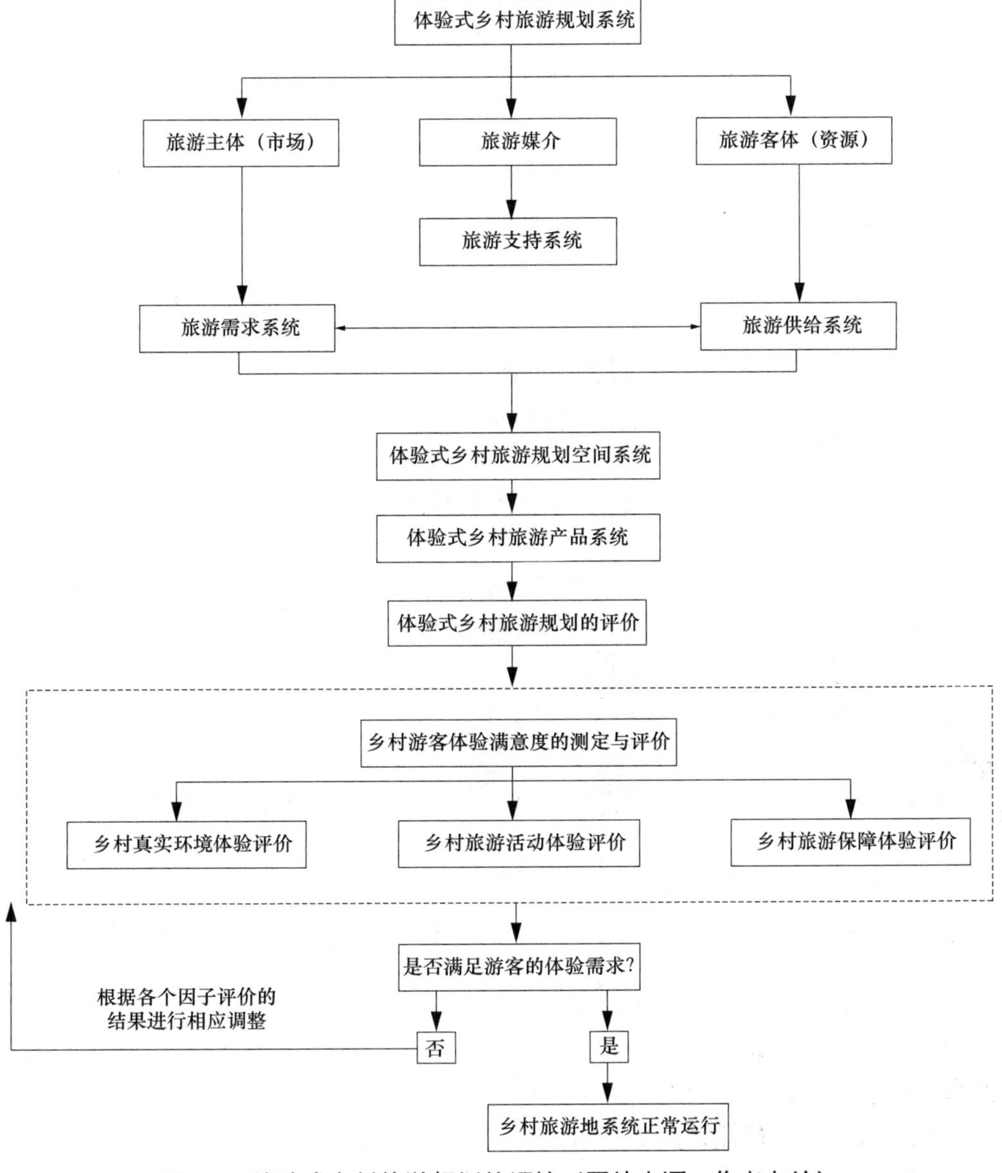

图 5-9　体验式乡村旅游规划的调控（图片来源：作者自绘）

参考文献

[1] Richard C，Prentice，Stephen F. Witt，Claire Hamer. Tourism as Experience: The Case of Heritage Parks[J]. Annual of Tourism Research，1998，25（1）：1 － 24.

[2] 吴文智，庄志民. 体验经济时代下旅游产品的设计与创新——以古村落旅游产品体验化开发为例 [J]. 旅游学刊，2003，18（6）：66 － 67.

[3] 王毅菲. 基于长三角地区对比实例分析的城市游憩商业区（CBD）深度体验研究 [D]. 杭州：浙江大学，2007：14 － 20.

[4] 邹统钎. 旅游景区开发与管理 [M]. 北京：清华大学出版社，2004.

[5] 王兴斌."体验经济"新论与旅游服务创新——《体验经济》读书札记 [J]. 桂林旅游高等专科学校学报，2003（1）：18 － 19.

[6] 王云才等. 乡村旅游规划原理与方法 [M]. 北京：科学出版社.

[7] 英国 DORLING KINDERSLEY 牛津大学. 外研社. DK. 牛津英语图解大词典 [M]. 北京：外语教学与研究出版社，1999.

[8] 柯林斯公司（英）. 柯林斯最新英语词典 [M]. 北京：北京大学出版社，2000.

[9] 兰多（英）编. 剑桥美国英语词典 [M]. 上海：上海外语教育出版社，2000.

[10] 韩敬体等. 新编实用汉语词典 [M]. 北京：社会科学文献出版社，1990.

[11] B·约瑟夫·派恩，詹姆斯·H·吉尔摩. 体验经济 [M]. 夏业良，鲁炜等译. 北京：机械工业出版社，2002.

[12] 贝恩特·施密特. 体验式营销 [M]. 张愉等译. 北京：中国三峡出版社，2001.

[13] 王艳丽. 体验经济下历史街区商业化更新设计研究 [D]. 杭州：浙江大学，2006：4 － 11.

[14] 阿尔文·托夫勒. 未来的冲击 [M]. 北京：中国对外翻译出版公司，1985.

[15] 姜奇平. 体验经济——来自变革前沿的报告 [M]. 北京：社会科学文献出版社，2002.

[16] 赵睿. 体验经济：商战思维 [J]. 江苏经济，2001（12）：50 － 51.

[17] 孟昭兰. 体验是情绪的心理实体——个体情绪发展的理论探讨 [J]. 应用心理学，2000，6（2）：48 － 52.

[18] 瓦西留克（苏）. 体验心理学 [M]. 黄明等译. 北京：中国人民大学出版社，1989.

[19] 王一川. 意义的瞬间生成——西方体验性美学的超越性结构 [M]. 济南：山东文艺出版社，1988.

[20] 王朝闻. 审美心态 [M]. 北京：中国青年出版社，1989.

[21] Dean MacCannell. Staged Authenticity : Arrangements of Social Space in Tourist Settings[J]. American Journal of sociology，1973，79（3）: 589 － 603.

[22] Erik Cohen. Phenomenology of Tourism Experience[J]. Sociology，1979，13（2）: 179 － 201.

[23] Ryan, Chris. The Tourist Experience : A New Introduction[M]. Cassell : Wellington House，1997.

[24] 谢彦君. 基础旅游学 [M]. 北京：中国旅游出版社，1999.

[25] 堪莉. 旅游景区游客体验研究——以中山陵风景区为例 [D]. 南京：南京师范大学，2003 : 8.

[26] 苏勤. 旅游者类型及其体验质量研究——以周庄为例 [J]. 地理科学，2004，24（4）: 507 － 511.

[27] 李怀兰. 旅游体验效用因素分析 [D]. 南宁：广西大学，2004 : 8.

[28] 伍海琳. 论旅游体验 [J]. 旅游经济，2006（1）: 166 － 167.

[29] 王柯平. 旅游美学纲要 [M]. 北京：旅游教育出版社，1997.

[30] 龙江智. 从体验视角看旅游的本质及旅游学科体系的构建 [J]. 旅游学刊，2005（1）: 21 － 26.

[31] 公学国. 体验旅游产品的开发经营研究 [D]. 济南：山东大学，2006 : 18 － 20.

[32] 刘伟，丁贤忠，成升魁. 以色列乡村旅游发展迅速 [J]. 世界农业，1998，（7）: 12 － 13.

[33] Inskeep. E. 旅游规划——一种综合性的可持续的开发方法 [M]. 张凌云译. 北京：旅游教育出版社，2004.

[34] 何景明，李立华. 关于“乡村旅游”概念的探讨 [J]. 西南师范大学学报（人文社会科学版），2002，28（5）: 125 － 128.

[35] Arie Reichel，Oded Lowengart，Ady Milman. Rural Tourism in Israel : Service Quality and Orientation[J]. Tourism Management，2000，21（5）: 451 － 459.

[36] 孔辉. 乡村旅游产品深度开发研究 [D]. 北京：北京林业大学，2007 : 5.

[37] 世界旅游组织. 旅游业可持续发展——地方旅游规划指南 [M]. 北京：旅游教育出版社，1997 : 55.

[38] Per Åke Nilsson. Staying On Farms : An Ideological Background[J]. Annals of Tourism Research，2002，29（1）: 7 － 24.

[39] Nulty P M. Rural Tourism in Europe : Experiences，Development and

Perspectives[M]. UNWTO，2004.

[40] Bramwell B，Lane B. Rural Tourism and Sustainable Rural Development[M]. UK：Channel View Publications，1994.

[41] Lesley Roberts，Derek Hall. Rural Tourism and Recreation：Principles to Practice[M]. New York：CABI Publishing，2001.

[42] 何景明. 国外乡村旅游研究述评 [J]. 旅游学刊，2003，18（1）：76 － 80.

[43] 熊凯. 乡村意象与乡村旅游开发 [J]. 地域研究与旅游开发，1999（3）：47 － 50.

[44] 杜江，向萍. 关于乡村旅游可持续发展的思考 [J]. 旅游学刊，1999（1）：15 － 18.

[45] 王兵. 从中外乡村旅游的现状对比看我国乡村旅游的未来 [J]. 旅游学刊，1999（2）：38 － 42.

[46] 张丽娜. 乡村旅游开发研究 [D]. 昆明：云南师范大学，2000：9.

[47] 甘巧林，陈忠暖. 从乡村非农化看乡村旅游的兴起 [J]. 华南师范大学学报（自然科学版），2000（4）：84 － 89.

[48] 肖佑兴，明庆忠，李松志. 论乡村旅游的概念和类型 [J]. 旅游科学，2001（3）：8 － 10.

[49] 贺小荣. 我国乡村旅游的起源、现状及其发展趋势探讨 [J]. 北京第二外国语学院学报，2001（1）：90 － 94.

[50] 乌恩，蔡运龙，金波. 试论乡村旅游的目标、特色及产品 [J]. 北京林业大学学报，2002，24（3）：78 － 82.

[51] 刘德谦. 关于乡村旅游、农业旅游与民俗旅游的几点辨析 [J]. 旅游学刊，2006，21（3）12 － 19.

[52] 郭焕成. 发展乡村旅游，支援新农村建设 [J]. 旅游学刊，2006，21（3）：6 － 7.

[53] 邓爱民. 对我国发展乡村旅游的思考 [J]. 财贸经济，2006（5）：91 － 93.

[54] 史蒂芬 · 佩吉（英）等. 现代旅游管理导论 [M]. 北京：电子工业出版社，2004：285.

[55] 黄常州. 乡村旅游开发模式研究——以广东省龙门县为例 [D]. 南京：南京大学，2005：17.

[56] Valene L. Hosts and Quest：The Anthropology of Tourism[M]. PA：University of Pennsylvania Press，1977：1 － 265.

[57] Alister Mathieson，Geoffey Wall. Tourism，Economic，Physical and Social Impacts[J]. Geographical Review，1982，73（4）：466.

[58] 魏小安. 关于旅游发展的几个阶段性问题 [J]. 旅游学刊，2000，15（5）：

9 — 14.

[59] 王大悟，毕吕贵. 旅游规划新论 [M]. 合肥：黄山书社，2002：218 — 219.

[60] 张广瑞. 论旅游发展总体规划编制的几个原则 [A]// 张广瑞 . 旅游规划的理论与实践 [C]. 北京：社会科学文献出版社，2004：12 — 21.

[61] 郑向敏，侯志强. 区域旅游发展规划的若干问题思考 [A]// 张广瑞 . 旅游规划的理论与实践 [C]. 北京：社会科学文献出版社，2004：154 — 162.

[62] 史璞. 动态规划在企业管理中的应用 [M]. 北京：中国经济出版社，1990：27 — 38.

[63] 李明德. 旅游业界的期盼和规划界的苦恼——谈旅游规划的可操作性 [A]// 张广瑞，旅游规划的理论与实践 [C]. 北京：社会科学文献出版社，2004：163 — 167.

[64] Chris Paris（ed）. Critical Reading in Planning Theory[M]. Pergaman Press，1983：5.

[65] 张国忠. 旅游发展战略规划研究 [D]. 上海：同济大学，2006：104 — 105.

[66] 吴人韦. 旅游规划理论的结构 [J]. 地理学与国土研究，2000，16（1）：50 — 53.

[67] 刘滨谊. 旅游规划三元论——中国现代旅游规划的定向 · 定性 · 定位 · 定型 [J]. 旅游学刊，2001，16（5）：55 — 58.

[68] 刘锋. 新时期中国旅游规划创新 [J]. 旅游学刊，2001，16（5）：49 — 54.

[69] 刘琴. 主题旅游规划的理论与实践研究 [D]. 上海：同济大学，2006：66 — 67.

[70] 罗文斌. 浅谈旅游需求的创造 [N]. 中国旅游报，2006 — 3 — 31.

[71] 秦学. 旅游业跨区域联合发展的理论与实证研究——机理、模式与协调机制 [D]. 上海：华东师范大学，2004：76 — 77

[72] 黄金辉，韦克难. 实用心理学 [M]. 成都：四川人民出版社，2003.

[73] [美] 小爱德华 · J · 梅奥，兰斯 · P · 贾维斯. 旅游心理学 [M]. 南开大学旅游系译. 天津：南开大学出版社，1987.

[74] 约翰 · A · 托马斯. 是什么促使人们旅游 [N]. 美国旅行代理人协会旅游新闻，1964.

[75] 林南枝，李天元. 旅游市场学 [M]. 天津：南开大学出版社，1997.

[76] 徐嵩龄. 中国的世界遗产管理之路 (上)[J]. 旅游学刊，2002，17（6）：10 — 18.

[77] 乌恩. 地域文化与旅游规划 [J]. 人文地理，2001，16（1）：24 — 26.

[78] 张建萍. 旅游环境保护学 [M]. 北京：旅游教育出版社，2003.

[79] 刘锋. 中国西部旅游发展战略研究 [M]. 北京：中国旅游出版社，2001.

[80] 陆大道．区域发展及其空间结构 [M]．北京：科学出版社，1995．

[81] 陆大道．关于“点一轴”空间结构系统的形成机理分析 [J]．地理科学，2002，22（1）：1 － 6．

[82] 崔凤军．中国传统旅游目的地创新与发展 [M]．北京：中国旅游出版社，2002．

[83] 王衍用．区域旅游开发战略研究的理论与实践 [M]．北京：海洋出版社，1998．

[84] 许春晓．旅游地屏蔽理论研究 [J]．热带地理，2001，21（1）：61 － 65．

[85] 许春晓．旅游地屏蔽现象研究 [J]．北京第二外国语学院学报，2001，101（1）：71 － 80．

[86] 刘红梅．阴影区旅游发展策略 [D]．长沙：湖南师范大学，2006：110 － 14．

[87] 王瑛，王铮．旅游业区位分析 [J]．地理学报，2000，55（3）：346 － 353．

[88] 张文忠．经济区位论 [M]．北京：科学出版社，2000．

[89] 李小建．经济地理学 [M]．北京：高等教育出版社，1999．

[90] 孙根年．论旅游业的区位开发与区域联合开发 [J]．人文地理，2001，16（4）：1 － 5．

[91] 喻秀莲．福州市旅游区位及其对旅游发展影响的研究 [D]．福州：福建师范大学，2006：3．

[92] 吴必虎．区域旅游规划原理 [M]．北京：中国旅游出版社，2001．

[93] E. W. Gilbert B.Litt.，M.A.．The Growth of Island and Seaside Health Resort in England[J]．Scottish Geographical Magazine，1939（55）：16 － 35．

[94] Christaller W．Some Consideration of Tourism Location in Europe:the Peripheral Regions Underdeveloped Countries Recreation Areas[J]．Regional Science，1963，12（1）：95 － 105．

[95] R W. Butler．The Concept of a Tourism Area Cycle of Evolution：Implications for Management of Resources[J]．Canadian Geographer，1980，24（1）：5 － 12．

[96] Klaus J. Meyer-Arendt．The Grand Isle，Louisiana Resort Cycle[J]．Annals of Tourism Research，1985，12（3）：449 － 465．

[97] Donald Getz．Tourism Planning and Destination Life Cycle [J]．Annals of Tourism Research，1992，19（4）：752 － 770．

[98] 谢彦君．旅游地生命周期的控制与调整 [J]．旅游学刊，1995（2）：41 － 44．

[99] 张惠．城市旅游地生命周期的动力学研究——以南京为例 [D]．南京：南京师范大学，2005：7．

[100] Lionel Trilling．Sincerity and Authenticity[M]．London：Harvard University Press，1972．

[101] 海德格尔．存在与时间 [M]．陈嘉映，王庆节译．北京：三联出版社，2000．

[102] Dean MacCannell．Staged Authenticity：Arrangement of Social Space in Tourist Settings [J]．American Journal of Sociology，1973，79（3）：589 — 603．

[103] Dean MacCannell．The Tourist：A New Theory of the Leisure Class[M]．New York：Schocken Books Inc，1976：91 — 105．

[104] Erik Cohen．Rethinking the Sociology of Tourism[J]．Annals of Tourism Research，1979，6（1）：18 — 35．

[105] Ning Wang．Rethinking Authenticity in Tourism Experience[J]．Annals of Tourism Research，1999，26（2）：349 — 370．

[106] 邹统钎，吴丽云．旅游体验的本质、类型与塑造原则 [J]．旅游科学，2003（4）：7 — 10．

[107] 孙峰华．关于社区地理学的若干理论问题 [J]．人文地理，1996，11（4）：50 — 53．

[108] 佟敏．基于社区参与的我国生态旅游研究 [D]．哈尔滨：东北林业大学，2007：16．

[109] 陈万灵．“社区参与”的微观机制研究 [J]．学术研究，2004（4）：77 — 81．

[110] Terry, D.，Bruce，L.. Conservation through Cultural Survival：Indigenous People and Protected Areas[M]．Washington DC：Island Press，1997．

[111] Eagles P，Mccool S，Haynes C．Sustainable Tourism in Protected Areas：Guidelines for Panning and Management[M]．UK：Cambrige，2002．

[112] 罗永常．乡村旅游社区参与研究 [J]．贵族师范大学学报（自然科学版），2005，23（4）：108 — 111．

[113] 张广瑞．关于旅游业的 21 世纪议程 [J]．旅游学刊，1998（2）：50 — 54．

[114] Peter E. Murphy．Tourism：A Community Approach[M]．New York：Methuen，1985：155 — 176．

[115] 刘伟华．关于社区参与旅游发展的若干理论思考 [J]．旅游学刊，2000（1）：47 — 52．

[116] 黎洁，赵西萍．社区参与旅游发展理论的若干经济学质疑 [J]．旅游学刊，2001（4）：45 — 46．

[117] 蒋艳．欠发达地区社区参与旅游发展研究 [D]．泉州：华侨大学，2004：9．

[118] 黄芳．传统民居旅游开发中居民参与问题思考 [J]．旅游学刊，2002，17（5）：54 — 57．

[119] 任媛媛．民族文化旅游项目的真实性探析 [J]．桂林旅游高等专科学校

学报，2005，16（3）：56 － 59.

[120] Pine BJ，Gilmore JH. Welcome To The Experience Economy[J]. Harvard Business Review，1998，76（4）：97 － 105.

[121] Driver，B.，Brown，P.，Peterson，G.. Benefits of Leisure. Pennsylvania: Venture Publishing Inc，1991.

[122] 刘昌雪. 皖南古村落旅游发展若干问题研究 [D]. 合肥：安徽师范大学，2004：12.

[123] 郎富平. 基于态度感知的乡村旅游社区可持续发展研究 [D]. 杭州：浙江大学，2006：13.

[124] 余佳雨. 乡村旅游产品深度开发研究——以四川夕佳山旅游区为例 [D]. 成都：成都理工大学，2007：23.

[125] 刘聚梅. 我国乡村旅游发展实证研究——推拉理论的应用与实践 [D]. 北京：北京第二外国语学院，2007：20.

[126] 陈思屹等. 南京市城市居民乡村旅游行为偏好调查研究 [J]. 华东经济管理，2007，21（8）：10 － 13.

[127] 范文赫. 乡村旅游市场需求的实证研究——基于什川镇乡村旅游的调研 [J]. 农业科技与信息，2008（10）：52 － 54.

[128] 陈岗. 旅游地中心文化递减规律的理论初探 [D]. 南京：东南大学，2005：11 － 13.

[129] 马剑瑜. 体验型旅游产品开发初探 [D]. 上海：华东师范大学，2004：38 － 39.

[130] 陆军. 实景主题：民族文化旅游开发的创新模式 [J]. 旅游学刊，2006，21（3）：37 － 45.

[131] Ryan，C. Recreation Tourism：A Social Science Perspective[M]. London：Routledge Press，1991.

[132] Vitterso，J.，M. Vorkinn，et al. Tourist experiences and attraction[J]. Annals of Tourism Research，2000，27（2）：432 － 450.

[133] Csikszentmihalyi, M., & Csikszentmihalyi, I. S.. Optimal Experiences：Psychological Studies of Flows of Consciousness[M]. New York：Cambridge University Press，1988.

[134] 谢彦君，吴凯. 期望与感受：旅游体验质量的交互模型 [J]. 旅游科学，2000（2）：1 － 4.

[135] Yiping Li. Geographical Consciousness and Tourism Experience[J]. Annals of Tourism Research，2000，27（4）：863 － 883.

[136] 谢彦君. 旅游体验研究 [D]. 大连：东北财经大学，2005：122 － 129

183 — 185 175.

[137] Mervyn S Jackson，Gerard N White，Claire L Schmierer. Tourism Experience within an Attribution Framework[J]. Annals of Tourism Research，1996，23（4）: 798 — 810.

[138] 王婉飞. 基于长三角地区对比实例分析的城市游憩商业区（RBD）深度体验研究 [D]. 杭州：浙江大学，2007 : 26.

[139] 马斯洛等著. 人的潜能和价值 [M]. 林方主编. 北京：华夏出版社，1987.

[140] David Bowen. Antecedents of Tourism Consumer Satisfaction and Dissatisfaction（CS/D）on Long-Haul Inclusive Tours : a Reality Check on Theoretical Constructions[J]. Tourism Management，2001（22）: 49 — 61.

[141] 菲利普·科特勒. 营销管理：分析、计划、执行和管理 [M]. 梅汝和等译. 上海：上海人民出版社，1999 : 38.

[142] 顾文均. 顾客消费心理学 [M]. 上海：同济大学出版社，2002 : 532 — 550.

[143] Peter W. Dorfman. Measurement and Meaning of Recreation Satisfaction : A Case Study of Camping[J]. Environment and Behavior，1979，11（4）: 483 — 510.

[144] 黄桐城等. 顾客满意度多层次模糊测评模型及其应用 [J]. 系统工程理论方法应用，2002，11（4）: 336 — 339.

[145] Akama J &Damiannah M K. Measuring tourist satisfaction with Kenya' s wildlife safari : A case study of Tsavo West National Park[J]. Tourism Management，2003（24）: 73 — 81.

[146] Hailin Qu，Holly Hyun-jung Im. A Study of Southeast Asia Tourists' Perceptions of Service Quality in the San Francisco Bay Area[J]. Journal of Travel and Tourism Marketing，2002，13（3）: 35 — 60.

[147] Terry Lam，Hanqin Qiu Zhang. Service Quality of Travel Agents : the Case of Travel Agent in HongKong[J]，Tourism Management，1999（20）: 341 — 349.

[148] 张淑青. 观光旅游服务知觉价值因素构面与衡量题项 [J]. 服务业管理评论，2005（4）: 105 — 128.

[149] 连漪，汪侠. 旅游地顾客满意度测评指标体系的研究及应用 [J]. 旅游学刊，2004，19（5）: 9 — 13.

[150] 缪芳. 乡村旅游地游客满意度测量研究 [D]. 福州：福建师范大学，2007 : 34.

[151] 卢军霞. 基于游客体验的古城镇旅游产品开发研究 [D]. 杭州：浙江大学，2005 : 45.

[152] Clare A. Gunn. Vacation scape : Designing Tourist Regions[M]. UK : Taylor & Francis Press，1988.